SCOTTISH

SONGS, BALLADS, AND POEMS

BY

HEW AINSLIE

AUTHOR OF THE "INGLE SIDE," "ON WI' THE TARTAN," "ROVER O' LOCH-RYAN," ETC.

"Give me old songs! I know not why,
But every tone they breathe to me,
Is fraught with pleasures pure and high,—
With honest love or social glee."—W. G. CLARK.

REDFIELD

110 AND 112 NASSAU STREET, NEW YORK

1855

R. CRAIGHEAD, PRINTER AND STEREOTYPER,
53 Vesey Street, N. Y.

PREFACE.

The author of the following fugitive rhymes has long been a truant from the "laurelled walks of literature," and now, in the autumnal gloaming of life, like Rip Van Winkle from his mountain slumber, he comes once more among the haunts of men, with antique accoutrements and forgotten phraseology, to enquire of wondering old friends and neighbors—whether this busy world stands where it did "In his hot youth, when George the Third was King?"

To the query, "Why has the author written in the Scottish dialect?" he can only reply, it is his mother tongue—the language spoken by Scott, and sung by Burns. With its Doric music, all his earliest and dearest associations are intertwined. Its melodies lullabied his infancy; and will, he trust, contribute their share in tranquillizing his parting hour. It was thus the twig was bent—thus the tree was inclined—and thus must it eventually fall.

The fact, that the author has spent the last thirty years of his life in what was wont to be called the *far West,* will be apology enough for the few pieces on American subjects at the close of the volume; and, with this simple avowal, he, in law parlance, *will rest his case.*

To the friends who on this occasion have *formed a square* around him, what can he offer but the warm and spontaneous thanks of a glowing heart—whose earnest wish is, that they may individually realize the pleasures their generous regard has so deeply conferred on him—and so

"To each and all a kind good night."

CONTENTS.

THE TWA MAIDENS AND THEIR MEN.

FIRST MAIDEN.

"If Heaven a draught of heavenly pleasure spare,
One cordial in this melancholy vale,
'T is when a youthful, loving, modest pair,
In other's arms, breathe out the tender tale,
Beneath the milk-white thorn that scents the evening gale."

SLOW o'er a sky, young May had drest,
The glow o' day was gathering west,
Where darkly 'gainst the deepening glare
Rose the rough ruins o' St. Clair.

It was an eve that grief had chose,
When time had master'd half her woes,
To give to sorrow's mellowing dye,
A scanter tear, a softer sigh.
Nor was it fitted less
For love's delicious tenderness;—
The very whisperings o' the gale
Seem'd soften'd for a lover's tale.

When down the lane young Maggie's gane
Wi' step as she were dancing,
Her rosy cheek, like e'ening's streak,
Like stars her e'en are glancing.

She 's in her shoon, her task is doon,
The foddering an' the milking,
A ribbon rare is in her hair,
An' canty lays she 's lilting. *merry singing*

MAGGIE'S SANG.

THE laverock awakens the welkin, *lark*
Our mavis he sings down the sun, *thrush*
An' he 's the braw bird o' my likin',
That tells us the day work is done.

Then hey for the sang o' the gloamin',
The laverock awakes us to wark;
While the mavis sings, "Johnny 's a comin',"
To meet wi' his Meg when it 's dark.

There 's bonnier blooms in the simmer,
Than craw flowers an' gowans, we ken,
An' statelier trees amang timmer,
Than bushes are busking our glen. *decking*

But hey for the birk hings sae featly, *neatly*
The primrose an' genty hare-bells!
That scent our wee bourock sae sweetly, *bower*
When cracking at e'en by oursel's. *talking*

Near whar the burnie takes a crook, *brook*
Ye 'd found their cosey canny nook; *quiet*
The rowntree nodding owre the brae,
Right gallantly to thorn an' slae;
While a' around, sae fresh an' fair,
Told Spring had been right busy there. [1]*appointment*
True to his tryst,[1] wi' loup an sten,[2] [2]*jump and spring*
Young Jock came whistling up the glen;
Light to the trysting-tree he sprang,
Venting his spirit in a sang.

JOHNNY'S SANG.

THE wind it came saft frae the southart,
  Awakening the bird an' the bee;
Cleeding bourocks were sair winter wither'd,
  An' busking our bonny hawtree.
An' fee-day will soon follow on it,
  When down comes the pennies an' poun's,
Our lads then will don a new bonnet,
  Our lassies new ribbons an' gowns.

Then hey for the time cowes the claver, *cuts the clover*
  The tedding an' bigging o' ricks! *spreading*
When auld bodies take to their havers, *nonsense*
  An' youngsters to tousling an' tricks. *romping*

Brown hairst, when the weather is lythsome, *mild*
  An' out comes the bansters and baŭns, *reapers*
Our lassies they kythe then sae blythsome, *look*
  It 's hard, man, to haud aff your hans!
An' syne when we 're dune wi' the leading,
  An' a' thing comes bein to the birn; *snug barnyard*
Our laird he sits king o' the feeding,
  But Maggie 's the queen o' the kirn! *harvest feast*
  Then hey for a bab at the babby,
    The tousling, the boosing, an' a', *drinking*
  An' hey for my bonny wee Maggie,
    The pride o' the rig an' the ha'!

But hark ye! on the nether bank,
Whar supple saughs are waving rank, *willows*
There 's rustling o' a petticoat—
Weel Johnny kens the owner o't—
A laugh—a loup—a shout o' glee—
An' Meg the dawty 's on his knee. *darling*

Then came the squeezing an' the smack,
Nae sic as cauldrife wooers tak;
But that lang kiss, an' hearty grip,
Tells how the bosom works the lip—
Till Maggie, gasping out o' breath,
Declares he 'd worry her to death.

Belyve, he 's calm an' doucer grown, *by and by*
An' then, wi' earnest words, an' lowne,

He 's tald her hoo the clachan wright *village*
Was bandit in a paction tight,
To hae a' ready, reel an' rock—
The aumry an' the aught day clock— *cupboard*
Wi' ilka loom auld kimmers ken
Is mensfu' in a butt an' benn. *needful*

Forby Frae Rab o' Whinnyhause
He 'd rentit 'gainst next Martinmass
A cot-house an' a hawkie's grass. *cow's*

But safe us! when the lad was led in,
To mint at bridal day an' beddin' *hint*
When Maggie would be a' his ain ;—
He tint his tether stick again, *lost*
An' took to ranting an' to singing,
Till Roslin's echoes a' are ringing!

The sma' kattie wran has quattit her nest,
A wondering what din 's been breaking her rest,
An' flitter'd about on her windlestrae legs
In mortal dread for her wee pea eggs.

Ye needna be frightit, my bonny bit hen,
But haud awa' hame to your saft foggy den,
For weel it 's been kent, this warl out thro',
In days lang syne as in days e'enoo, *present*
When maidens are leaning on lovers' breasts,
It 's little they think o' herrying nests. *robbing*

SECOND MAIDEN.

"O had I wist, afore I kist,
That love had been sae ill to win,
I 'd lock'd my heart in a case o' goud,
An' pin'd it wi' a siller pin."—OLD SONG.

BUT another sight was seen that night,
Where the grim auld castle stood,
An' the restless linn sent an eerie din *doleful*
Thro' the howlet haunted wood. *owl*

For there 'midst the wrack o' auld ruins black,
A lonesome maiden sat;
On her heaving breast her hands are press'd,
An' her wan young cheek is wat.

An' aft her sad eye takes a range o' the sky,
Or sweeps by the Harper's ha',
But it hurries aye back, to rest on the wrack
O' the grim auld castle wa'.

Then closing her eye, wi' a moan an' a sigh,
Her head on her bosom she hung;
Like the wailing dove, o'er her long lost love,
This dowie sang she sung. *sad*

HELEN'S SANG.

SWEET May, fair nursling o' the spring,
  In bonny bygane years,
What merry hours ye wont to bring,
  But now, alas! it 's tears.

When ha's are bright, an' spirits light
  Are glancing butt an' ben,
It 's then I haste, like conjur'd ghaist,
  To seek this gloomy glen.

For lonesome bowers, an' ruined towers,
  Are fittest mates for me;
The roaring flood, the soughing wood,
  The broken, blasted tree.

Ah, Walter Wier! fause Walter Wier,
  Could ye but see me now!
The spirit dead, the roses fled,
  The wither'd lip and brow!

Yes, rough and reckless as thou art,
  Mate o' the wild corsair—
This faded form would chill thy blood,
  If human blood ran there.

Hadst thou been slain on battle plain,
  Or slept beneath the sea,
A thought that you in death were true,
  Had laid me soon wi' thee.

But ah, a fond forsaken thing,
O' lightlied love the wreck,—
It's bred that wither o' the heart,
That winna let it break.

Alang life's lonely road I look,
It 's fenc'd wi' grief an' care;
My rest lies in yon cauld kirkyard—
O God, that I were there!

Now leave we this maiden, her woe and her wail,
And away wi' the wind o' the night let us sail,
Nor stop, nor stay, till we list the tide,
That mutters and moans around Galloway's side;
There mark we an old baronial keep,
The storms are crumbling it into the deep;
But there 's sturdy vaults in the rock below,
That few have seen, and that fewer know;
Fashioned and framed in days long gone,
By willing hands from the stubborn stone.
Sanctuary meet for a chosen band,
When red persecution flooded the land.
Ah, little reck'd they, those holy men, [1]*spending*
They were wairing[1] their work on a smugglers' den;
For hark ye! It is no holy hymn
That echoes along these vaults so dim;
But the ribald song, and the loud hurra,
'T is carousing night o' the wild outlaw.
The torch and lamp send a dark red glare
Thro' the thick and long imprisoned air.

By fitter light who 'd seek to view
A smugglers' den and a rovers' crew?
And there, 'midst spar, an' oar, an' sail,
Run'let an' cag, an' box an bale,
Spoils of many a distant land,
Sits Walter Wier and his ruffian band.
  But where 's the winning, the wyling look,
Fair Helen's heart and her honor took?
'T is hidden beneath that dark mustache,
And buried in scars of many a gash;
So chang'd, estrang'd, in eye and brow,
Could maiden, or mother, have known thee now?
As wild in word, and loud in cheer,
He urges his mates in their mad career,
While rocky roof and cavern rang
To the roving chief's carousing sang.

THE ROVER'S SANG.

Come launch the big brimmer, my boys,
  Wi' the brandy and wine we will spice it,
And if night is too short for our joys,
  Wi' the best o' to-morrow we 'll splice it.
When broad moons are sailing on high,
  Your Rover he swings at an anchor;
When black winds are sweeping the sky,
  Then hurra for the boom and the spanker

Who 'd live a dull landlubber's life,
  When there 's money and mirth o'er the waters?
Who 'd hitch to one wearisome wife,
  When France hath such frolicsome daughters?
Ay, gi'e me the beauties o' Brest—
  They 're the darlings for fun and for freedom.
What 's sweeter, when lovingly prest,
  Than the frauleins that waltz it in Schniedam?

Bale, bale then the brimmer to-night,
  While we tell o' our cruising an' kissing;
How press-gangs were shov'd out o' sight,
  And gaugers were found 'mong the missing;
Ay, roar up some jolly old runs,
  When the sea was a scouring our scuppers,
How we dodged the old Commodore's guns,
  And bedevil'd His Majesty's cutters.

Then here 's to our roving marine,
  He 's the jolliest mate that 's a-going;
Right end up, wherever he 's seen,
  Be 't the wave or the wine cup that 's flowing.
All flags, but his country's own,
  With a rousing hurra, he can hail her;
And his motto, wherever he 's known,
  Is, Free trade and the rights o' the sailor!

THE TROKER.

A WEE the harvest side o' Yule, *Christmas*
As frost was flooring burn an' pool,
An' king's hie way an' cottar's lane
Were stiffened like the quarry stane;
The day was doure, an' as the light *rough*
Was hurrying hillward out o' sight,
As gif it eem'd it were nae thrift, *thought*
To shine on sic a dirty lift;
A carle came tramping up the way
That hauds awa' to Ballantrae.

A man he was o' stalwart mak,
If ane might gauge him by the pack
That hint his buirdly shouthers hung,
As weel as by his muckle rung. *staff*
His step was steeve, his leg was trim, *firm*
But what aneath his bonnet rim,
Should been a Christian face, I vow,
It kyth'd the grunzie o' a Jew! *seemed face*
A beard, would make a poney's tether,
An' then, twa wally cowes o' heather *bushes*
Had effige'd his whiskers.—Truly,
He 'd made a brainger in a brulzie. *bully broil*

Right on he strade, till he came tae,
The wastling shouther o' the brae;
Then like a man o' stane he stood,
Glowring outoure the corbie's wood,
To where, a wee ayont the howe, *hollow*
A sma' farm house stood on a knowe.
It seem'd a lane but cosey bigging,
Wi' wa's o' stane an' theekit rigging.

Our Laird's herd, Jock, came whistling by,
As he drave hame the nowt an' kye; *cattle*
On him our Troker coost a look— *cast*
Jock's mou' that moment tint the crook,
An' stoitering, stammer'd out "gude e'en," *reeling*
Thinking his life no worth a preen.
The carle leuch, to see the chiel *laughed*
Boggle as he'd run owre a de'il; *wince*
An' syne, in words o' lawland sough,
Speer'd wha might win in yonder cleugh? *live glen*

The lad took heart, as soon 's he faun',
The carle spak like Christian man.
"It 's auld Rab Glen, wha 's no been fier, *well*
Since tawtie lifting was a year; *potatoe*
An' mair an war', his gude auld kimmer *wife*
Has no been just hersel' sin' simmer,
While Jean—their bonny daughter Jean—
Keeps spinning there from morn till e'en,
Striving, as a' around can tell,
To fend twa sick folk an' hersel'. *shift for*

The warst is owre tho', for we hear [cated
Our Laird, wha 's fleech'd for three lang year, *suppli-*
Has gat her trysted, an' next ook, *week*
She 'll be the Lady o' Carnook."

"When I said this," quo' Johnny Tamson,
"He look't as he 'd hae thrash't a Samson;
An' utter'd words I'se no be naming,
Seem'd unca like downright blaspheming." *much*

But soon our anger't carle grew douce, *calm*
An' airting towards Robin's house,
Took sic lang strides, an' strade sae fast,
A lang Scots mile was shortlings past.

He 's tirl'd gently at the pin,
An' Jeanie saftly said, "come in;"
An' in he gaed a' gruff an' grim—
Jean laid her han' on the wheel rim,
An' star'd as he his "gude e'en" shor'd *gave*
In words as calm 's he could afford.

"The weather 's course, an' lang 's the way,
That I hae trampit out the day;
Sae wi' your will, as gane 's the light,
I 'd like to shelter here the night."

"Gudeman," said Jeanie, an' her e'e
Grew watery, as the carle could see,
"I 'm laith to bid ye streek your gate *loath*
On sic a night, sae cauld an' late;

But waes me, sir, lang months o' ailing
Has scrimpit sae our ance gude mailing, *scanted farm*
That little 's left, as ye may see,
To entertain the stranger wi'."

The carle look'd sad an' sair at Jean.—
"I 'm seeking nought, my comely quean,
But just aside your ingle nook,
Till daylight, frae the blast to jouk; *hide*
An' gif it be, as ye would mint, *hint*
This house has lang had trouble in 't,
I 'm blyth to say that I hae airts,
Whilk I owretook in foreign parts,
That mak's me maister o' a' sickness,
Like racking pains an' inward weakness;
Sae wi' your will, I'se do my best,
To gi'e them ease, if sae distress'd."

Our auld wife, wha sat in the dais, *arm-chair*
Gat up an' show'd her runkl'd face;
Poortith had eaten deep, and grief
Had bleach'd it like a frostit leaf.
In words came howe, as she 'd been boss, *low hollow*
She tald hoo mickle scaith an' loss
Had follow'd her gudeman's mishap,
As loss o' nowt an' waste o' crap. *cattle*
She spak too o' the waesome brash,
Had left her feckless as a rash. *rush*
"Their gear was poindit; But Carnook,
The Laird from wham the lan' was took,

Was boun', when Jeanie was his bride,
To lay the poinding plea aside;
An' Jeanie, tho' he was a coof, *fool*
Had plighted him her word an' loof; *hand*
As her braw sweetheart, Willy Grame,
Had perished far awa' frae hame."

Poor Jeanie moan'd a sad "Alas!"
An' threw the apron owre her face.
The Troker stampit wi' his fit,
An' gi'e his teeth a grewsome grit, *shuddering*
As our auld wifie gather'd breath
To sum the upshot o' their scaith. *harms*

"Sair hae we suffer't, tho' we 've tried,
The skill o' a' the country side,
An' wair'd on doctors far an' near *spent*
The feck o' our hard gotten gear. *most*
Sae whatsome'er your airts may be,
As we hae nought to mense ye wi', *repay*
An' tint a' faith in drug or pill, *lost*
It 's needless here to waste your skill."
"Sit down," quo' he, "an' had your tongue,"
As aff he laid his pack an' rung—
"They 're sair to blame, and gi'e offense
To ane owre-watching providence,
Wha fleer at ony mean that 's offer'd,
Whan, wi' gude will, it 's freely proffer'd."

Our wiffie calm'd, an' Jeanie sicht,
As wakening up the winking light,
While frae his pack our Troker brought
A gardevine, right-queer owrewrought
Wi' images o' awsome brutes,
As e'er war seen in horns or clutes; *hoofs*
Bang'd out a bottle, syne a caup,
An' stroan'd it reaming to the tap— *filled*
"Hae, haud that, kimmer, to your lips,
An' tak it doon wi' canny sips!"

The ingle noo bleezed bright, an' Jean
Had made the hearthstane snod an' clean;
Whereon she stood, as in a swither, *quandary*
'Tween hope an' fear, she e'ed her mither.

On her our Troker stell'd his e'e.— *fixed*
And comely was that maid to see.
Tall, straught as ony willow wan',
An' gracefu' as the sooming swan.
Aneath her locks o' raven hue,
Like lily blossom kyth'd her brow.
A cheek, smooth as the polish'd stane—
But, *och-an-ee!* the rose was gane. *alas*

Our wiffie gi'e a wee bit hoast, *cough*
Like ane whas drink the gate has lost, *way*
Gat up, an' straught began to hirple *creep*
Across the floor, to hand a sirple *taste*

O' the gude gear to her gudeman;
Our Troker couthly took her han', *kindly*
An' led her where, upon his back,
Auld Robin lay, the waesome wrack
O' pains an' poortith—grewsome pair, *ugly*
Hounds mony a stout heart to despair!

Wi' tenty han' they set him up
An' steadied to his mou' the cup.
He preed an' pech'd, an preed again,— *tasted* *sighed*
Said he could haud the cup himlane—
Declar'd baith taste an' smell war gude—
He faund it working thro' his blood.

Our Caird was growing fast a pet—
When clank! a rap comes to the yett.
"Up, Jeanie lassie! draw the pin,
An' let the Laird o' Carnook in."

A fearsome glowre our doctoring Caird
Let out, as she brought ben the Laird,
Wha fidg'd about, an' sought a seat,
Vow'd he was vext to be sae late,
But he 'd been to the Burrowtown,
An' coft for her the bridal gown, *bought*
Sae could na rest, nor think o' meat,
Till he came wast to let her see 't.
Syne clapt his loofs, an' winkt, an' cackl'd,
While Jeanie stood like ane hapshachl'd, *shackled*
Gi'eing her answers wi' a stare,
Like ane whas mind 's some itherwhere.

His e'e at last fell on the Caird—
"An' wha may ye be?" quo' the Laird.

"I 'm Frank the Troker, Frank Mac Fee,
A chiel wha 'll neither cheat nor lee."

Our Lairdie gi'e his mouth a thraw, *twist*
An' open'd wi' a loud guffaw.—
"This warld maun sure be near an en',
When Trokers turn up honest men.
But come, as words are win', let 's see,
How ye 'll pit this in preef to me."

Kytching his pack, our Troker said, *shaking*
Gif he 'd be wairing on that maid, *spending*
The price o' bracelet, brooch or pin,
An' were a judge o' gauds, he 'd fin',
He was to Johnny Cheats nae kin;
Nor mell'd wi' sic as lee'd an' blether'd, *mixed*
But kept a conscience tightly tether'd.

" Aweel, aweel—to stap your snash,
Let 's look at this same wally trash." *dainty*

A box a' co'er'd wi' goud an green,
Was set afore his Lairdship's e'en.
Pang'd fu' o' jewels rich an' rare,
As ever glanc'd on lady fair—
Bobs for the lugs, an' finger rings, *ears*
Wi' leeming pearlings, strings on strings.

The Lairdie gi'e a start an' stammer,
Like ane whas e'en are fasht wi' glammer,
But soon as he came to his breath,
He boutit up an' swore an aith— *started*
He was nae Caird, but some deceiver,
A cheat-the-woody, hie-sea riever; *scape-gallows*
"An' ere the morn is on the lift,
I'se hae ye by the hugars tight, *in the stocks*
'Less ye can mak it plain to me
Hoo ye cam by this gauderie."

The Troker heard the body's yaup,
As gorhawks listen to a whaup.— *curlew*

"Hout, Laird, ye 're like a tap o' tow,
An' unca easy set alowe; *ablaze*
But no to hunt about the buss,
An' straughten crooks wi' sma'est fuss—
The comely lass sits by your side,
Her that ye ca' your trystit bride,
Can tell ye, as ye 'll shortlings hear,
Hoo I cam by my gauds an' gear."

Jean rais'd her hands, like ane would pray—
"Ah! wicked man, mind what ye say;
For here, as God 's above us a',
His face afore I never saw!"

"Enough, enough, it 'easy seen,
What this same honest Troker 's been—

A midnight merchant. Ay, an' further,
I sudna swear he 's clean o' murder.
I 'm aff this minute for the Shirra'—
He 'll board ye whar ye should be, Sirrah !"

"Anither moment," cried the Carle,
"This is a wae an' weary warl' !
Hoo baimly friendships are forgot,
An' bands o' love grow frush an' rot— *brittle*
But, laying wrongs an' woes aside,
Hae, hand that to your bonny bride."

A box was raxt as he was bid, *handed*
Jean trembling lifted aff the lid—
A saxpence, an' a lock o' hair,
Was a' that ane might reckon there.
It was enough ; she raised her e'e,
An' sank doon by her mither's knee.

"O, God aboon ! O, well-a-day,
He 's slain my bairn, our stoop an' stay !"

Up lap the Laird, an' made a glaum *snatch*
At Troker's head, an' aff there came
A bonnet, wig, an' slough o' hair,
Like peltry o' a norland bear.

"Is that your gate, ye greedy grew ? *hound*
Then tak my gaberlunzie too." *cloak*
He loos'd a buckle, drew a brace,
An' flang the rachan in his face—

Strade owre the hearthstane at ae stap,
An' lifted Jeanie in his lap;
Waffing her wan face wi' a claith,
As she began to get her breath,
And as he watch'd her reddening cheek,
A braver lad ye mightna seek.

Our wiffie glowr'd, an' glowr'd again,
Dightit her e'en an' quat her mane, *wiped*
Syne brake into ane girt exclaim, *a loud*
"As God 's my judge, it 's Willy Grame!"

The screech brought Jeanie frae her dwam,— *swoon*
She boutit up, an' tried to stan'— *started*
Will twin'd his arms about her waist,
An' drew her saftly to his breast,
Muttering between ilk lengthy kiss—
"O Jeanie, what an hour is this!"

The draps now ga'e her heart relief,
Had nae their fountain-head in grief,
But sprung frae that sweet well o' tears,
Had been seal'd up for five lang years.

Like some girt gumphy o' a fule, *dolt*
Wha sticks his carritches at schule, *catechism*
Or her, wha for a woman's faut,
Was bang'd into a lump o' saut,
Our Lairdie stood, in dreeping dread,
His wilk e'en sticking out his head, *perriwinkle*

Like mousie thrapl't in a fa', *trap*
Or loon that 's loopit by the law;
Glowring across the kitchen floor—
Gauging the shortest to the door—
At last he makes a brainge an' break— *bounce*
But Willy's han' is in his neck.

"Ah, Satan's tacksman! Rogue accurst!
I 've gat ye, ere ye 've doon your warst.
Heaven that 's outowre us! what should hinner,
This rung frae ending ye, ye sinner?
Down to the yird, ye ravening shark,
An' take the wages o' your wark!"

As Willy's words grew hie an' hie'er,
The body he grew wee and weeer.
Till hunkert doon, aside the dais, *crouching*
He seem'd a bunch o' dirty claes.

Will's rung was liftit to the rigging—
The Lairdie for his life was prigging— *begging*
When Jeanie, dinless as a ghaist,
Slipt up an' wrathsome Willy fac'd;
She raised her hand an' said a word—
"O, Willy, leave him wi' the Lord!"

Like frostit claith afore the fire,
Out fell the lurks o' Willy's ire, *wrinkles*
The cudgel drapt aside his leg;
His hand slipt frae the body's craig—

A smile came owre his comely lip,
An' Jean 's again within his grip.

Our Lairdie, as ye may expect,
Soon had his fingers on the sneck. *latch*
Lap thro' the door, as baudron's loups *cat*
Whan boustit frae the pats an' stoups, *scared*
But ere that he the door could bang,
Sharp at his heels auld Bawty sprang.
Will hirr'd him on, an' when the light *egged*
Show'd hoo the body clear'd the height,
They faund ae gay weel stampit spot,
Wi' blauds o' breeks an' willycoat. *shreds*

HARVEST HOME IN AMERICA.

THE barley 's in the mow, boys,
  The hay is in the stack,
An' grain o' a' kinds now, boys,
  Snug under rape an' thack.

Then streek the harden'd hand o' toil, *stretch*
  An' broach the treasur'd hoard;
We bent us bravely to the soil,
  Let 's bend noo owre the board.

Owre aft hath labor sown, boys,
  The crap that ithers reap;
Seen grain that he hath grown, boys,
  But fill a landlord's heap.

But stent or tax or tythe, boys,
  Our girnals daurna spill; *garners*
These burdens were bought aff, boys,
  Langsyne at Bunker's Hill.

Then upward let the spirit leap,
  An' spread the waukit han', *hardened*
Gi'e thanks to heaven we sow an' reap
  Within this blessed lan'.

What tho' the han' be like a hoof,
  The cheek be like the grun',
The weary'd shank be kicking proof, *limb*
  An' rather stiff for fun.

Ne'er fear we 'll get the slight o 't—
  An tongues shall wag like flails,
An' faith we 'll hae a night o 't,
  Or punch an' pantry fails!

When hearty health is given, boys,
  To season life's dull lease,
An' plenty comes frae heaven, boys.
  To mate wi' gentle peace,

The soul that winna glow then,
  Is chill'd wi' gripping greed;
An' the heart that winna flow then,
  's a stony heart indeed.

A RETROSPECT.

WHEN up fifty years I look,
As ye 'd trace a restless brook,
Up glen and cataract,
Thro' some wild and desert track,
With here and there between,
Some spot of pleasant green;
Till in mead, or flowery dell,
Lay its native crystal well.

Thus my wand'ring ways I trace,
To my spirit's starting place,
When burn an' grassy lea
Were world enough for me.
Each blossom on the wold
Was my silver and my gold,
The birch and mossy stone
My canopy, my throne!

But the spirit who can still?
The spring will be a rill,
Let us dam it as we will,
And the din of busy men
Will reach the deepest glen.

A strange exciting noise,
Rousing boyhood from his toys—
Painting, glorious to behold!
Scenes of pleasure, heaps of gold.

Yes, I own it with a sigh,
The glitter took mine eye,
And with Hope—a wily guide—
Strange lands and plans I 've tried,
Till I 've found each sunny height
Take the color of the night.
But the "rolling land" is past!
I have reach'd the shore at last;
Merging calmly to thy sea,
Dark, dumb, Eternity!

A KIFT OWRE A CHAPPIN.*

ADDRESSED TO JOHN PRENTICE.

Let 's tell auld tales o' far awa',
  While streeking our auld legs;
An' tho' our drink 's no usquebaugh,
  'T will sair to wet our craigs.

Wake up! ye spirits o' the past,
  That hauntit life's braw morn,
An' gif a girning ghaist looks in,
  We 'll lay him wi' a horn.

Ay, let our youngsters kick the mools, *dust*
  They 're gear'd for life's braw race;—
The goud and siller 's at the dools— *goal*
  Hie honors, post, an' place.

But stoutest tree e'er stood on lan',
  At last comes to the grun';
An' biggest blether e'er was blan',
  What ends it, but in win'?

* A talk over a tankard.

We ken hoo things are handl'd here,
  Howe'er we puff or pech; *pant*
Sae, "saving win' to cool our kail," *soup*
  Let 's toom anither quaich. *empty cup*

It 's right, bee-like, to fill the byke, *hive*
  An' keep things het at hame;
But weary on, your niggard drone,
  That never prees the kame. *tastes comb*

Glauming at a' thing in his grip, *snatching*
  Blin' onward bores Sir Greed,
Nor recks the coof, some sliddery loof *fool hand*
  Will soon skail a' abreed. *scatter*

It 's lang been said, what 's crost the craig, *throat*
  Can ne'er be testamented;
An' sages hint, that what is tint, *lost*
  Is twice tint when lamented.

But saws o' age, an' counsels sage,
  Are no aye owre weel ta'en;
Sae here we 'll quat—haud in your caup—
  Here 's to ye, Jock, again!

AULD HAME YEARNINGS.

ADDRESSED TO JOHN GIBSON.

I 'VE green'd to see ance mair, John, *longed*
  Our brave auld countrie;
The stately towers, the bin'wood bowers,
  I haunt in memorie.
I haunt in memorie, John,
  As ghaists, auld minstrels say,
Will wander round the hallow'd ground
  That kent their earthly day.

Lang thirty years are gane, John,
  Since in your wastlin sea,
Auld Scotia's hills sank down, John,
  Nae mair to rise on me;
Nae mair to rise on me, John,
  Tho' sadder sets I 've seen,
The set o' beaming eyes, John,
  That gilt this earthly scene.

But blessed be that power, John,
  That ga'e us power to raise
The dear departed dead, John,
  The joys o' ither days.

Ay, thoughts o' sunny hours, John,
  In days o' darkest hue,
Can make a rift in dimmest lift,
  An' let a star look thro'.

Thus in my midnight ponderings,
  In sleep or waking dream,
I range the glen by Hawthornden,
  Or sport by Girvan's stream;
Dear "Girvan's fairy-haunted stream,"
  Bargany's banks sae braw;
The auld ash tree, that cosilie
  Leant owre my daddy's ha'.

[*willow*
The bleaching haugh, wi' fencing saugh, *green*
  The garden tosh an' trig, *trim* *neat*
Wi' divot edge, an' clippit hedge, *turf*
  Where linties loved to bigg; *linnets* *build*
Where linties loved to bigg, John,
  An' merry sangsters meet;
Syne yoking tilt, wi' mony a lilt, *song*
  Made April mornings sweet.

Sic scenes are hoarded up, John,
  In memory's sacred ben;
This thriftless heart, wi' a' may part,
  But them I manna spen'.
O, them I daurna spen', John,
  Or what were left to me,
But frostit crops o' early hopes,
  That sicken ane to see.

Dear sainted Eleanora!
  Sweet sister o' my heart,
It was thy gentle whisperings
  First made this spirit start;
First made me wondering see, John,
  The lovely things that lie
Around us, on the earth, John,
  Above us, in the sky.

Ay, bravely broke my dawing,
  A mild an' pleasant glow;
Now wintry winds are blawing,
  My day is wearing low.
But hush! I 've said an' sung, John,
  An' sing it yet again,
Howe'er the heart is wrung, John,
  The word is—Ne'er complain.

COME AWA TO THE WEST.

Come awa to the bonny green West!
  Where the lauld an' the brave hae thriven;
Come, see our braid valleys still drest
  In the crap that was planted by heaven.

Come, leave the dull gear-getting crew,
  Come away frae the lordling an' slave—
It is not a right land for you,
  Wha canna bow down wi' the lave.

Tho' wealth hath not offered yet to deck
  Our valleys wi' taste and wi' art,
Yet the head o' ilk freeman 's erect,
  And his language still empties his heart!

Come, come to our bonny green West,
  Whar liberty soughs in the breeze!
O, the flesh, Jamie, never can rest,
  Till the heart an' the spirit 's at ease!

3*

A FOREIGNER'S FEELINGS IN THE GREAT WEST.

YE vales of this wide western land,
  May be richer than those gave us birth;
Your rivers majestic and grand,
  The bravest that water the earth.

And the blossoms your May can awake,
  May outrival old England's rose;
Your mornings more lovely may break,
  And softer your twilights may close.

But the heart hath a time when it fills,
  And the spots where our infancy past,
In the glen, or the wild heathy hills,
  The memory will part with them last.

Thus we miss, when fresh April throws,
  On the brown earth, her first cheering look,
The brown furze and white coated sloes,
  Unpacking their buds by the brook.

While the daisy comes forth like a bride,
  As the woodbine is thatching the bower,
And the meek primrose shoulders aside
  The brown leaf, to hang out her flower.

And when day breaks away from the night,
  Where 's the birds used to pipe it aloud?
Where 's the lark, that blyth herald of light,
  Pouring melody down from his cloud?

It is vain.—But the heart still will roam
  To the sweets of its own native plains,
Tho' reason hath found it a home
  Where RIGHT and EQUALITY reigns.

[The eight following pieces were written by the author, while wandering in the New World in search of a home for those "he 'd left behind him."]

A DECEMBER DITTY.

THE merry bird o' simmer 's flown
Wi' his brave companions a';
Gruff winter has the green leaf stown,
An' gifted us the snaw.

The pine tree sings a sober sang,
As it swings in the deepening drift;
An' the glint o' day it creeps alang
The ledge o' the leaden lift.

But swith wi' words in wint'ry weed! *away*
An' thoughts that bode o' ill.
What! are we o' the forest breed,
To dow wi' the daffodill?

Let 's raise up merry days we 've seen,
When carping care was dumb;
Let 's talk o' flowers an' simmer's green,
There 's July's yet to come.

Tho' my lair is in a foreign land,
  My friends ayont the sea,
There 's fusion in affection's band,
  To draw them yet to me.

THE LADS FAR AWA.

WHEN I think on the lads, an' the land I hae left,
An' how love has been lifted, an' friendship been reft,
How the hinny o' hope has been gumbl'd wi' ga',
Then I lang for the lan' an' the lads far awa.

When I think o' the days o' delight I hae seen,
When the sparks o' the spirit would flash frae the e'en,
Then I say wi' a sigh, as I think on them a',
Where shall I find hearts, like the hearts far awa?

When I think on the nights that we spent hand in hand,
When love was our solder, an' friendship our band,
This warld gets dark—but ilk night has a daw',
An' I yet may rejoice wi' the lads far awa.

I 'M LIVING YET.

THIS flesh has been wearied, this spirit been vext,
Till I 've wisht my deeing day were the next;
But sorrow will flee, an' trouble will flit—
Sae tent me, lads, I 'm living yet. *mind*

When days they were dark, an' the nights were grim,
When the heart was dowff, an' the e'e was dim, *dead*
At the tail o' my purse, the end o' my wit,
It was time to quat—but I 'm living yet.

Ay, pleasures are weakly, an' gi'en to desease,
E'en hope, poor thing, gets dowie an' dees; *sick*
While dyester care wi' his darkest litt *dyer dye*
Keeps dipping awa—but I 'm living yet.

A wee drap drink, wi' a canty chiel,
Gars us laugh at the warl', an' defy the deil,
Wi' a blink o' sense, an' a flaught o' wit— *flash*
Ay, that 's the gear keeps me living yet!

THE ABSENT FATHER.

THE friendly greeting of our kind,
  Or gentler woman's smiling,
May soothe the weary wanderer's mind,
  His lonely hours beguiling;

May charm the restless spirit still,
  The pang of grief allaying;
But ah! the soul it cannot fill,
  Or keep the heart from straying.

O, how the fancy, when unbound,
  On wings of rapture swelling,
Will hurry to the holy ground,
  Where loves and friends are dwelling!

My lonely and my widow'd wife,
  How oft to thee I wander!
Re-living those sweet hours o' life,
  When mutual love was tender.

And here with sickness lowly laid,
  All scenes to sadness turning,
Where will I find a breast like thine,
  To lay this brow that 's burning?

And how are all my pretty ones?
How have the cherubs thriven,
Who cheer'd my leisure with their love,
And made my home a heaven?

Does yet the rose array your cheek,
As when in grief I bless'd you?
O, are your cherry lips as sweet
As when in tears I kiss'd you?

Can your young broken prattle tell—
Can your young memories gather
A thought of him who loves you well—
Your weary wandering father?

O, I 've had wants and wishes too,
This world have check'd and chill'd;
But bless me but again with you,
And half my prayer 's fulfill'd.

LIFE'S SUMMER TIDE IS GOING.

LIFE's summer tide is going,
  And those fancies droop and die,
Kept my spirit's springs a-flowing,
  Like the streams that never dry.

Yes, the bosom's glow is cooling—
  Affection runs to wreck—
And disappointment's schooling
  Kills where it should correct.

The cup hath lost its flavor;
  Even mirth forgets to move;
And my creed begins to waver,
  Upon friendship, upon love.

Can it be that years have done it?
  My locks have still their jet;
And tho' roughly I have run it,
  My limbs are limber yet.

Can it be that change and distance
  This spirit hath unmann'd?
Yes, the stays o' my existence
  Are in another land.

Thus the chill of early winter
  Hath settl'd in my breast—
I 've fallen like those that venture
  Too far beyond the rest!

TO AN OLD FRIEND. 1825.

Here 's to thee, Jemmy lad,
Here 's a health to thee an' thine;
An' when I drink to *thy* friends,
It 's then I drink to *mine.*

Here 's to them frae whom we parted
As our twain had been the grave;
Here 's the leal, the honest hearted, *true*
Wha will seek us yont the wave.

Here 's the gowans, lad, that studded
The braes whar youth was spent;
Here 's the blossoms, yet unbudded,
That *our* wilderness shall scent.

Ay, dear the heathy lan' is,
Where our fathers had their home!
Yet here 's to the savannahs
Where our children yet shall roam!

Here 's the gallant bark that brings ye;
May its speed be like my prayer!
And every wind that wings ye,
Be like thy Annie—fair!

TO JAMES WELLSTOOD,

MY BROTHER PILGRIM IN BAITH HEMISPHERES.

HECH! but it 's heartsome to look owre
  The days sae firmly fixt
In memory's map, when thou an' I
  Our mirth an' madness mixt.

Taking the braidside o' the lan',
  Nae bank at braes an' birns— *hesitation*
At bridals branging for the broose, *wedding race*
  Wild ranting it at kirns. *harvest feast*

'T was then our spirits took the twist
  That they maun aye retain;
An' there we felt, when first we kist,
  As we 'll ne'er feel again.

An' ha'e na we seen fairer sights,
  Where the June rose scents the vale,
An' the watches o' the simmer night
  Are cheer'd wi' the nightingale?

'T was there we felt those friendly dews,
  Gars the affections start; *makes*
An' muckle gear we gather'd there,
  For the girnal o' the heart. *garner*

An' Jamie, up thy bonnet, man!
  Hae we nae twa some stood
Upon that holy hallow'd lan'
  Was coft wi' freemen's blood? *bought*

That land, where honor 's mair than name—
  Where honesty 's renown;
Where the EAGLE made the LION tame,
  An' the CAP has cow'd the CROWN!

O Jamie, hie thee to this land,
  An' gar my heart rejoice!
For there 's a virtue in thy hand,
  A cordial in thy voice.

TO A FRIEND.

LAST time thy honest face I saw,
Auld Caledonia's equebaugh,
Gar't thy brave spirit toom its ga' *empty gall*
On priests an' kings,
While wally words thy heart let fa' *choice*
On better things.

Far distant frae us baith is now,
The broom buss an' the heather cowe,
The gowan'd greens, the streams that row
Sae clear an' saft;
An' queans hae set this heart alowe,
Gude kens hoo aft.

There 's brawer countries on the map,
An' richer too in kine an' crap;
But while this heart contains the sap
O' life, by Jing!
Auld Scotland still maun stand the tap
O' a' the bing.

forebode
Some Gowk has said, for Gowks will bode, *fool*
That 't was the reckless inward goad

O' norries, sent my banes abroad, *whims*
Some waff desire, *wild*
Wi' nought o' reason in 't.—'Fore God,
That Gowk 's a liar.

No, John, my saul was sick to see
The dowie look o' liberty, *sickly*
While curs'd corruption's badger e'e
Glowr'd hale and healthy,
An' lick-lip loons, wi' supple knee,
Grew bein an' wealthy. *snug*

But swith, wi' words that grip the gizzard— *away*
Venom 's a sleeking, slimy lizzard,
That wi' the cantrips o' a wizzard,
Would soak an' sour us;
Crumple us up like ony izzard, *letter z*
An' then devour us.

Altho' gude kens, I hae been needy,
I ne'er was in my greening greedy; *wishing*
Ne'er glunsht whan chiels, mair douce an' steady, *gloomed*
Shot up the brae;
But wi' a hearty hale "God speed ye,"
E'en let them gae.

This gate my prayer has ever run *way*
"O, for a cot, a wee bit grun',
"An' twa three lads, that trade in fun,
"To be my marrows. *mates*

Then let the warld lose or win—
I've clear'd the harrows.

Part o' my prayer has noo been grantit,
But still the better part is wantit—
O, for the day that I shall rant it,
An' roar to see
The kindred o' my spirit plantit
Aneath my e'e.

TO MY FAVORITE NOOK.

Sweet sober solitary nook,
  Where oft at eve I 've stole,
To read, as in a written book,
  The records o' my soul.

Ay, oft when morn came down yon cleugh, *glen*
  To gild those waters clear,
An' birds sent up their merry sough,
  Thou 'st found me pondering here,

Pushing my restless spirit forth,
  Thro' paths that lay before,
And praying they might be more smooth
  Than those I 've wandered o'er.

Those days are done, and I draw near,
  My last fond look to take;
Yet I can think of one who here
  Will wander for my sake.

And when gruff winter, sad an' sour,
  Bids birds an' blooms depart,
She 'll find, within this wither'd bower,
  An emblem of this heart.

TAKING THE WARLD.

SMA' praise has he can only strut
  Whan birn an' barnyard 's bulky;
Wha gecks, when fortune smiles, the slut,
  But cowers when she gets sulky.

But here 's to him—the heart o' proof—
  When fortune sulks the sourest,
Can cock his bonnet, spread his loof, *hand*
  An' daur her do her dourest. *defy*

There 's some, when ill fa's in their gate,
  As rocks in roads will tumble,
Will worry at it air an' late,
  An' grunt, an' grane, an' grumble.

But here 's to him, when trysted sae,
  Ne'er tries to sap or sound it—
Just gies his naigs a hap or gee, *team*
  An' canny drives around it.

Some gouks will wrangle out their tack, *fools*
  In din would deeve a miller;
While ithers will their conscience rack,
  To catch that dirt ca't siller.

Wae worth sic loons, will haul an' harl,
  At dirty dubs to net it;
But here 's to him who takes the warl'—
  Faith, just as he can get it.

TO THE NIGHT WIND.

When the winter 's at his strength,
And the night 's a weary length;
When outlyers on the brae, *cattle*
Lea' their tates o' tedded strae, *morsels* *scattered*
And scour across the field,
To the plantings lownest bield, *calmest*
Then look ere midnight's past,
For a stour frae the nor-wast. *flurry*

Aft wi' thuds, hae gart me growse, *shocks* *shudder*
Thou hast shook me frae a drowse,
An' wi' eerie rair an' rowt,
Cri'd the wakrife spirit out,
To mark the mighty aik,
Whar he lords it owre the brake,
How he shoggles in the grun',
As his monarchy were done,
An' bends his giant might,
To the black wind o' the night.
But heavier is the thud,
That shakes the antient wud;
An' howls, 'mang ruined wa's;
Through lang deserted ha's,
While the brown stream dashing on,
Gi'es a thickening to thy moan.

And hark! a wailing note
Has borne me to the spot,
Where the dead an' buried rot;
Where the auld ghaist-haunted isle,
Stands a black an' grewsome pile; *lonesome*
Where the yew tree branches wide,
O'er the vaults of rotting pride;
Where broken mossy stanes,
Lean o'er lang forgotten banes,
An' the deadly hemlock rears,
His stem 'mang tangled briars.

Hush! o'er the dead man's lea
Sweeps a mournful melodie,
As the voices o' the slain
Were mingled in the strain!—

A flutter o' the heart—
A shudder and a start—
The wild unearthly din
Scares the wandering spirit in.

MAY WASHING.

ABOUT the time the mavis sings *thrush*
His sweetest frae the brake,
And primroses around the springs
Their scented blooms awake.

When craiks are heard among the braird, *sprouting [grain*
And bats get rife at een,
Ay, that 's the time, by burn and swaird, *brook sward*
To make the linen clean.

The light had jimply brake aboon, *scarcely*
The east began to clear,
When our gudewife was in her shoon, *shoes*
An' a' her maids asteer.

They 've ta'en the naipry braid an' wide, *linen*
The sarks, the sheets, an' a',
An' they 're awa to yon burnside
To make them like the snaw.

And brightly did that burnie play,
And heartsome was its croon, *tune*
For saft the pleasant month o' May
Was slipping into June.

The gauzy mist began to streek
  Owre haugh an' howe sae fair,
And mixing wi' the big pat reek, *smoke*
  Soom'd up the caller air.

Our lassies then for boyne an' tub
  Their coats began to breek,
Lads, haud aback! for sic a sight
  Has spoilt my rest a week.

Now jibe an' joke an' canty laugh,
  Rang loud owre banks an' braes,
As ankles like the barkit saugh, *peeled willows*
  Gaed splashing 'mang the claes.

Ay glibe the wark gaes frae the hand *quick*
  Whan some delight's in view,
An' weel the lassie kent that e'en,
  Would send them joes anew.

O! for the jolly days o' youth,
  Whan love swals frae the bud!
Life's lythe win' settled in the south,
  The lift without a clud! *sky*

Wisdom that lies 'neath lyart locks
  Anither saw might say;
But wha, wi' cauld December blasts
  Would scathe the flowers o' May?

TO MY FIRST AND LAST TRUE LOVE.

I HAE wish'd thee a lang fareweel,
  We hae parted to meet nae mair,—
The wounds that we canna heal,
  We maun season the spirit to bear.

We were bairns, Jean, o' ae burnside,
  An' grew up like sister an' brither,
Or like twa spring buds wha's pride
  Is to flourish an' fade thegither.

But the warld came atween us, Jean,
  An' it twain'd what it couldna shift—
For I lov'd thee, my bonny queen,
  Wi' that love that we canna lift.

Noo, I'll wear on awa to the grave,
  Like the tree has been wrack't in the win';
It may hing out a leaf wi' the lave,
  Tho' it 's dosen'd an' dead within. *numbed*

Ay, the spirit may swell an' set,
  Gi'e an' outward to joy or pain,
But the heart that is filled an' shut,
  Maun burst ere it open again.

Fare-ye-weel, Jean, a long fareweel,
  We have parted for ever mair,
The wounds that we canna heal,
  We maun season the spirit to bear.

A PARTING SONG.

To part wi' those our years hae blest,
An' those in rapture's hours we 've kist,
O, sair's the rive that breaks the twist
  Which binds our hearts in ane, O.

    Yet sing wi' me this ae night,
    This ae, ae, ae night,
    O, rant an' sing this ae night,
      We yet may meet again, O.

Our bosom friends, our native shore—
There's few, there's nane hae lov'd them more,
Yet tho' it wring me to the core,
  We maun be owre the main, O.
        Then sing, &c.

For when our fortunes tak' a fit,
An' sense an' freedom bid us flit,
Shall we on sic' a warning sit,
  Whate'er be parting's pain, O.
        Then sing, &c.

Tho' farewell grief may make us lower,
Yet hope can paint a meeting hour,

When grinding despots loose their power,
  An' tyrants' threats are vain, O.
                    Then sing, &c.

Tho' stormy seas between us boil—
Tho' this may be our parting bowl,
We 'll yet hold fellowship in soul,
  When we're ayont the main, O.
                    Then sing, &c.

MY BONNY WEE BELL.

My bonny wee Bell was a mitherless bairn,
Her aunty was sour, an' her uncle was stern, [bed
While her cousin was aft in a cankersome mood, *crab-*
But that hindered na Bell growing bonny an' gude.

When we ran to the schule, I was aye by her han',
To wyse off the busses, or help owre a stran', *turn*
An' as aulder we grew, a' the neighbours could tell
Hoo my liking grew wi' thee, my bonny wee Bell.

Thy cousin gangs dinkit, thy cousin gangs drest,
In her silks an' her satins, the brawest an' best,
But the gloss o' a cheek, the glint o' an e'e,
Are jewels frae heaven nae tocher can gi'e.

[sire
Some goud, an' some siller, my auld gutcher left, *grand-*
An' in houses an' mailins, I'll soon be infeft—*farms*
I've a vow in the heaven, I've an aith' wi' thysel,—
I'll make room in this world for thee, bonny Bell.

MY LAST SANG TO KATE REED.

I'll sing a sang to thee, Kate Reed ;
  It may touch a lonesome string ;—
I maun sing a sang to thee, fair Kate,
  Be't the last that e'er I sing,
                    Kate Reed.
      Be't the last that ere I sing.

For I hae sung to thee, sweet Kate,
  When the young spring like thysel',
Kyth'd bonnily by Roslin lea,
  By Gourton's flowery dell,
                    Kate Reed, &c.

An' simmer e'ens have seen us, Kate,
  Thy genty hand in mine,
As by our water's pleasant side,
  I mixt my heart wi' thine,
                    Kate Reed, &c.

When day was doon, the braw hairst moon
  Has seen thee in yon glen,
Sitting, my sainted idol Kate—
  Did I not worship then,
                    Kate Reed, &c.

Thrice seven lang years hae o'er us past,
  Since thae braw days gaed by,
Another land 's around me, Kate—
  I see another sky,
    Kate Reed, &c.

Yet fresh as when I kiss'd thee last,
  Still unto me ye seem—
Brightner o' many a weary day—
  Sweetner o' many a dream,
    Kate Reed, &c.

THE LAST LOOK O' HAME.

BARE was the burn brae,
  December's blast had blawn,
The last flower was dead,
  The brown leaf had faw'n;
Twas dark in the deep wood,
  Hoary was the hill,
An' the wind frae the cauld north
  Came heavy and chill.

I had said fare-ye-weel
  To my kith an' my kin',
My bark it lay ahead
  My cot-house behin',
I had nought left to tine,
  I'd a wide warld to try,
But my heart it wou'dna lift,
  An' my e'e it wou'dna dry.

I look'd lang at the ha'
  Thro' the mist o' my tears,
Where the kind lassie liv'd
  I had ran wi' for years,
An' the braes where we sat,
  An' the broom-covered knowes,

Took a hank on this heart, *hold*
  I ne'er can unloose.

I hae wander'd synsine
  By gay temples and towers,
When the ungather'd spice
  Scents the breeze in their bowers.—
Sic scenes I can leave,
  Without pain or regret,
But that last look o' hame
  I ne'er can forget.

TAKE ME HAME TO GLENLUGAR AGAIN.

YOUR big town is braw,
Ye're kind to me an' a',
An' try aye to make me feel fain;
But my heart it winna flit
Frae our auld water fit—
Take me hame to Glenlugar again.

I hae been to your shore,
Where the big billows roar,
An' ships haud awa to the main;
But gi'e me the shady pool
Was on simmer e'en sae cool—
Take me hame to Glenlugar again.

I 've been within your ha's
Where music swells an' fa's,
Thro' many a sweet new strain;
But gi'e me the hamely things
My kindly mither sings—
Take me hame to Glenlugar again.

Your winning words an' arts,
May be sproutings o' your hearts,
But to me they seem hollow an' vain ;
Ay, sadly I can see,
There 's nathing here for me—
Take me hame to Glenlugar again.

TO S——N——

WHEN first we met, and that dark eye
Disturbed me, yet I know not why,
I said, 'fore heaven, there is a snare
That thoughtless boyhood should beware;
Nor did my thinkings wander then,
To harder hearts or older men.

But when that lovely eye of jet
In swimming tenderness was set.—
When thy lip quiver'd in the breath,
That heav'd those heav'nly hills beneath.—
Then rush'd those feelings on the heart,
To which we cannot say depart:
Yes, nature unto some hath given
Gems from her jewelry of heaven.
And he can calmly look on such
Hath felt too little,—or too much.

Farewell, I would not have thee feel
Those pangs I may not bid thee heal,
Nor offer thee, fair as thou art,
Love's lees—the embers of a heart.

A MIDNIGHT MEETING.

LAST night as my dreaming soul
  In the wildness of fancy roamed,
Commingling the present and past
  The living and long entomb'd;

I came on a beautiful dell,
  The green beech at midsummer cools,
And the brook leaves the flower border'd well
  To dimple the valley with pools.

In the west lay a dark purple glow—
  The last bird of eve was awake,
And I gazed as the night settled slow,
  In the heart of a neighbouring brake.

When, as angels are said to have come
  On the night path of wandering seer,
A form seem'd to grow from the gloom,
  And I shook as the vision drew near.

For in form, and in face, it was thee—
  It was thee—O, and lovely as when
Ye wept a sad farewell with me,
  And we vow'd ne'er to weep it again.

But a smile banished all but my love—
  All barriers that war with the will—
Strong bonds that we may not remove,
  Have sever'd—must sever us still.

Then raptures, mere flesh cannot give,
  Were mingled with bursts of delight—
'Tis an angel's life that we live,
  When we live in the spirit at night.

MARY.

THE TIME FOR LOVE TO SIGH.

Is it a time for love to sigh
When the sun is blazing high?
No; but when ev'ning cools the sky,
  And day hath lost its dazzle,
Meet me where the willow droops,
Where the bird o' gloaming whoops,
Meet me where the tendril loops
    The branches o' the hazel.

Then will I tell of love as deep
As ever broke a wooer's sleep,—
I've given thee, love, a heart to keep,
    The fondest e'er was given.
My love! It's like thy loveliness;
The very utmost of excess!—
O, Mary, how can it be less
    Thou fairest out o' heaven.

JEAN THAT'S AWA.

AIR, *Robin Adair.*

BLYTHE were the days I've seen
  Wi' her that 's awa;
Fair mony a simmer e'en,
  Set on us twa.

  Sad noo by yonder burn,
  Lanely I stray and mourn,
  Days that will ne'er return,—
    Her that 's awa.

Jeannie, thou aye wert dear;
  Dear still to me;
Ne'er did this bosom fear
  Falsehood from thee.

  False now I find thou art,
  Sair has it griev'd my heart.
  Who thought that aught could part
    Jeannie an' me?

When Sir Walter Scott, James Hogg, and others, were making Scotland a "hunting field" after her "ancient minstrelsie," the author was a clerk in the Register House, Edinburgh. A boyish ambition, with, perhaps, a touch of the Chattertonian propensity, induced him to write the following Ballads and attempt to pass them on his friends as productions of the olden time.

WILLY AN' ELLEN.

A BALLAD.

"WHEREFORE should ye talk o' love,
Unless it be to pain us?
Wherefore should ye talk o' love
When ye say the sea maun twain us?"

"It's no because my love is light,
Nor for your angry daddy;
It's a' to buy you pearlings bright,
An' busk ye like a leddy." *dress*

"O, Willy, I can caird an' spin,
Sae ne'er can want for cleeding;
An' gin I hae my Willy's heart,
I've a' the pearls I'm heeding.

"Will it be time to praise this cheek
When years and tears ha'e blench't it?
Will it be time to talk o' love
When cauld an' care ha'e quench't it?"

He laid ae hand about her waist,
The ither's held to heaven;
An' his look was like the look o' man
Wha's heart in twa is riven.

The auld laird o' Knockdon is dead:
  There 's few for him will sorrow;
For Willy's steppit in his stead,
  But an' his comely marrow.

The lily leans out owre the brae;
  The rose leans owre the lily;
An' there the bonny twa some lay;
  Fair Ellen an' her Willy.

SIR ARTHUR AND LADY ANN.

SIR Arthur's foot is on the sand,
His boat wears in the wind;
An' he 's turned him to a fair foot page,
Was standing him behind.

"Gae hame, gae hame, my bonny boy,
An' glad your mither's e'e;
I hae left anew, to weep an' rue,
Sae nane maun weep for thee.

"Take this unto my father's ha'
An' tell him I maun speed;
There 's fifty men in chase o' me,
An' a price upon my head.

"An' bear this to Dunellie's tower,
Where my love Annie's gane;
It is a lock o' my brown hair,
Girt wi' the diamond-stane."

"Dunellie he has daughters five,
An' some o' them are fair,
Sae, how will I ken thy true love
Amang sae many there?"

"Ye 'll ken her by her stately step,
  As she gaes up the ha';
Ye 'll ken her by the look o' love
  That peers out owre them a'.

"Ye 'll ken her by the braid o' goud,
  That spreads owre her e'e bree;
Ye 'll ken her by the red, red cheek,
  When ye name the name o' me.

"That cheek should lain on this breast bane;
  Her hame should been my ha';—
Our tree is bow'd—our flower is dow'd—
  Sir Arthur's an outlaw!"

He 's turn'd him right an' round about,
  Where the sea lies braid an' wide;
It 's no to see his bonny boat,
  But a watery cheek to hide.

The page has doff'd his feather'd cap,
  But an' his raven hair;
An' out there came the yellow locks,
  Like swirls o' the gouden wair. *curls*

Syne he 's undone his doublet clasp,
  Was o' the grass green hue;
When like a lily frae its leaf,
  A lady burst in view.

"Tell out thy errant now, Sir knight,
  Wi' thy love tokens a';

If I e'er rin against my will,
  'Twill be at a lover's ca'."

Sir Arthur's turn'd him round about,
  E'en as the lady spak;
An' thrice he dighted his dim e'e, *wiped*
  An' thrice he steppit back.

But ae blink o' her bonny e'e,
  Outspake his Lady Ann;
An' he 's catch'd her by the waist sae sma'
  Wi' the grip o' a drowning man.

"O, Lady Ann, thy bed's been hard,
  When I thought it the down;
O, Lady Ann, thy love's been deep,
  When I thought it was flown.

"I 've met my love in the greenwood,
  My foe on the brown hill;
But I ne'er met wi' ought before
  I lik'd sae weel, an' ill.

"O, I could make a queen o' thee,
  An' it would be my pride;
But, Lady Ann, it's no for thee,
  To be an outlaw's bride."

"Hae I left kith and kin, Sir Knight,
To turn about an' rue?
Hae I shar'd wind an' weet wi' thee,
That I should leave thee noo?

"There 's goud an' siller in this hand,
Will buy us mony a rigg;
There 's pearlings in this ither hand,
A stately tower to bigg.

"Tho' thou 'rt an outlaw frae this land,
The warld's braid and wide;—
Make room, make room, my merry men,
For young Sir Arthur's bride."

ANDRO KEIR.

[cliffs
WHEN corbies lea their clecking cleughs, *hatching*
An' falcons flap the wing,
It is nae for the feckless bird *puny*
To cock his head and sing.

[roads
Brown winter spates may flood our gates, *torrents*
An' smoor the meadows wide;
But bide aback, frae ford or track,
They 'll 'swage ere Beltane-tide. *May day*

The Lord o' Wharrie's ta'en his steed,
Wi' five gude men o' wier;
An' angry man he 's ridden forth,
In search o' Andro Keir.

Noo Keir was wight, an' tho' nae knight
Could handle targe an' glaive,
An' our Lord's daughter he has ta'en,
Nor speer'd her father's leave.

Our Lord he's ridden braid an' wide,
Owre frien' an' fremmit grund, *foreign*
But less might sairt for Andro Keir
Is nae where to be fund.

He's boun' his men to Wharrie's ha',
An' hied him to Kilquhae,
To fee the Warlock o' the glen,
To tell where Andro lay.

"Noo tell to me thou Warlock Wight,
An' say thy guerdon then:—
"Whar will I find this Andro Kier,
The orts o' lawless men? *refuse*

"It's wherefore seek ye blood, Sir Knight?
It 's wherefore would ye kill?
"It 's wherefore seek the blood o' ane,
That never did ye ill?"

"Nae words to me but what I want,"
Replied our Knight sae bauld,
"Or else by a' that bides aboon,
I'll lay thy body cauld."

"Then work your worst," the Warlock said,
An' off his rachan fell;— *mantle*
Stout Wharrie ga'e a start an' stride,
'Twas Andro Kier himsel?

"Riever an' rogue!"—'twas a' the win'
Our wrathsome Knight could spare,
Till swords were gleaming in the sun,
An' blows fell fast an' sair.

Wi' thrust an' hack, stout Wharrie strack,
He strack wi' might and main;

At guard an' wier lay Andro Keir—
He faught to haud his ain.

Slee canny airt will take our part,
It 's no aye wrath that wins;
Stout Wharrie's brand has left his hand,
An' flown out owre the whins. *furze*

"Strike now, thou Riever!"—Wharrie cried,
"I 'll neither flinch nor flee;"
"'Twill ne'er be said, that my gude blade
Was stain'd wi' blood o' thee."

Bauld Andro's dighted his red brow, *wiped*
An' then his trusty sword;
He 's turned him lightly on his heel,
Withouten sign or word.

He 's raised his bugle frae his belt,
An' blew baith loud an' shrill;—
Our Lord's brave daughter an' her maids,
Came tripping down the hill.

"Twa choices ye hae, Lady love;
Twa choices, Marion dear;
"Whether wi' your brave father gae,
Or bide wi' Andro Keir?"

She 's lookit in her father's face;
The tears are streaming fast;
She 's turned her e'e on Andro Keir,
An' drappit on his breast.

[*mourned*

Stout Wharrie spak,—"I dool'd the wrack,
O' a my heart hings on;
But I find here, a daughter dear,
But an' a gallant son."

Twa weeks owre this a noble feast
Was held in Wharrie's ha',
Fair Marion an' bold Andro Keir,
Stood bravest 'mang them a'.

LADY ELLEN'S LAST NIGHT.

THERE leem'd a light frae yon high tower,
  When the sun had sought the sea;
There came a sang frae Ellen's bower,
  When the bird had clos'd his e'e.

An' first it sweet and blithely rang,
  Like the chirm to the early light,
But ah! it grew a dowie sang, *sad*
  Like the bird that sings o' night.

"Gae busk my bower wi' roses white, *dress*
  Pu' lilies frae the rill;
Sir Richard he 'll be here the night,
  Ere the moon has left the hill.

"My father's gone, for stern Lord John,
  An' says I 'll be his bride,
But Richard he has Ellen's vow,—
  Her vow, and heart beside."

The moon swam up the cludless lift;
  Night's lonesome hour has rung;
While sad, and sadder grew the sang,
  Fair Lady Ellen sung.

" O, what can stay my wandering knight
Can love so soon grow cold?—
Or thinks he Ellen's heart is light
Without her father's gold?"

It 's lang she sobb'd an' sorrow'd there;
The moon in clouds has set;
The 'kerchief o' her bridal robe,
Wi' many a tear is wet.

When hark! there comes a heavy step,
Fair Ellen rais'd her head,—
Sir Richard stands in her bower door,
His cheek like the sheeted dead.

"O Richard, ye ha'e tarried lang,
See yonder breaks the day;
My father's gone, for stern Lord John—
Away my love! away!"

"I 've met thy father and Lord John,
We met in yonder howe; *dell*
And I hae come, my bride to claim,
They cannot follow now."

"Here, Lady, we ha'e often met,
An' here we twa maun part;
O, there 's a wound in this left breast,
That dries up Richard's heart!

"O, bed me in thy bower, Ellen,
An' make thy maidens speed,

An' hap me wi' thy hand, Ellen,
 The last that e'er I 'll need."

They 've made a bed, he 's laid him down,
 Nor word again he spak;
An' she has sat an' sobbit there,
 Until her young heart brak.

An' there they lay, in others' arms—
 O, 'twas a waesome sight!—
A pair o' simmer's blighted blooms,
 The red rose and the white.

CHRISTY FOURD.

IT was nae Hallowday, I true,
  It was nae Beltane tide; *May day*
But winter winds owre bauldly blew,
  For feckless folk to bide. *puny*

The lee-light that December gi'es,
  Was lairing in the wast; *sinking*
Whan Christy, wi' her ora claes, *spare*
  Was boun' to dree the blast: *endure*

Wae suck! for wight on sic a night, *alas*
  That 's far frae hauld or hame;
But O, waes me, for them that flit,
  Ere term tide's fully gane.

An' wae were they in Geentree ha',
  When Christy took her plaid;
An' sair the bonny bairnies grat, *wept*
  An' hecht her aye to bide? *entreated*

She kissed them ance, she kissed them twice,
  Wi' heart owre girt to speak;
But heavy, heavy, were the tears
  That drappit frae her cheek.

Out owre the buirdit burn she gat, *frozen*
  Out owre the bourtree slap ;
An' slowly wan she thro' the broom,
  For steerless was her stap.

Ay, lightly may ye loup, maidens,
  Wha's hearts nae sorrow ga',
An' lightly, lightly, may you loup,
  Wha's waists are jimp an' sma'.

I would'na ban the wily thief
  Wha steals to fend his need, *supply*
Nor yet would I the wight that's wrang'd,
  Wha strikes his wranger dead.

But Rab o' Barnton thou boots,
  A heavier ban than mine—
An' gin we meet on yird, that spot
  Maun kep my blood or thine. *catch*

Now dark an' grewsome grew the night, *dismal*
  As 'twould be the death o' a';
For first there came the slushy sleet,
  An' syne the drifting snaw.

She 's waigl'd owre Knockgirron moor, *toiled*
  Ourecome wi' cauld and care ;
But whan she gat to Gariloup,
  Her legs they dow nae mair.

O! had I found thee, Christy, there,
  While yet thy lip was red ;

Afore the last o' many a tear,
  Was froze on thy e'elid;

Afore the low, an' heavy moan,
  That loos'd thy soul for heaven;
I'd grippit thee to this breast bane,
  An' a' that's bye forgiven.—

The snaw was now her bed sae white,
  The deep drift was her sheet,
The wild wind sang her last balu',
  An' sound, sound was her sleep.

The morning raise owre banks an' braes,
  On fields an' forests fair;
It waken'd burdies frae the bough,
  An' outlyers frae their lair,
But she that lies on Gariloup,
  Nae morn can wauken mair.

An' auld wife wins by Girvan side,
  Was a mither ere yestreen—
Now wae suck, she maun bairnless dee,
  Atho' she dee or e'en.

For villains there's a gallows tree
  Wha kill by gash or stab,
But wherefore does it pass the rogue
  That kills like Barnton's Rab?

THE CADGER O'KERRY.

THE Cadger O'Kerry came hame yestreen, *carrier*
His cuddy, his creels, an' a'; *ass panniers*
Sair toutit an' tasht, the body came wast, *fatigued*
For the gate it lay deep in the snaw. *road*

Noo the Cadger's wife an' her kimmers war met, *gossip*
They'd a browst in the big berry pan, *posset*
An' seated sae snug by the het ingle lug, *side*
She 's lightlied her drookit guideman. *drenched*

Our Cadger he sat, he was cauld, he was wat,
But asteep he is laying his brain,
Till he 's cleckit a plan, to break up the clan, *hatched*
An' make the braw panfu' his ain.

Sae out he 's gane to fodder his brute,
An' whan he came back to the door,
He raised a big rowt, crying, kimmers come out,
An' look at this awful uproar.

The Carlin's strade out wi' a wonnerfu' speed,
Our Cadger sae sly slippit in,
Syne cannilie shot, the muckle door sloat, *bolt*
Made a ranse o' a big racking pin. *brace*

The Cadger he leuch as he rypit the ribs, *poked*
Set the winking ingle ableeze;
An' then he began on the rare berry pan,
An' mixt it wi' bread an' wi' cheese.

But losh! whan the luckies they faun'd out the trick,
They were neither to haud nor to bin',
An they stampit an' flet, at a' tear-in-twa rate,
An' bann'd whan they couldna win in.

"Let 's in," quo' they, "ye auld Cadger loon,
Or we'll rive your auld cantle bare." *head*
"E'en do sae," quo' he, "an' he leuch merrilie,
Whan your han's they can win at my hair."

"Let's in," quo' they in a cannier sough,
An' we 'll a' be guide companie."
"I'm right fond o' your crack, there ahint the door back,
As we ablins might no here agree."

"But here 's to ye kimmers" quo' he wi' a rift, *belch*
As he tillit the twa luggit cap,
It's weel wail'd gear, an' right heartsome cheer,
For a carl that 's baith drouthy an' wat.

The night it was dour, the drift flew like stour, *sulky*
An' whan they saw a thing was gane— [*wife*
The howdy strade hame, wi' the ither dry dame, *mid-*
Left the Cadger's wife freezing her lane.

"O' maun I dee here at my ain door cheek?
O, Willie, hae mercy on me!"
"Aye the win's in an' airt, that will saften your heart,
Ye 'll fin noo what poor Cadgers dree."

Sae he never let on till her win' it grew weak,
Then stauchering he airtit her in. *staggering*
Her nose it was blae, as a big partan tae, *lobster toe*
An' an icicle hung frae her chin.

"Ye'll ken noo," quo' he, an' he winkit his e'e,
"What frost bitten gannerels crave." *wanderers*
She dightit her snout, said she had just found it out,
An' she'd mind it as lang as she 'd live.

[*fond*
Our leal Cadger syne, grew baith couthy and kin',
When he found her sae cow'd and sae tame,
An' in trouth our guidewife, put a loop in her life,
An' turn'd out a right decent dame.

THE AULD FRIEN'S AN' THE NEW.

WERE the come o' will gifts o' the heart
  E'er reckon'd wi' gear that is sauld?
Can new fangl'd friendship impart,
  The pleasures that spring from the auld?

New frien's may hae uncos to tell, *news*
  An' ferlies to gar the lugs ring; *wonders ears*
But the voice o' a canty auld frien' *merry*
  O, it fingers a pleasanter string!

The warld grows in bunches, we see,
  Like flower knots, that cluster the swaird;
Then keep by the bundle, my boys,
  'Mang which your young spirit was rear'd.

Awa' wi' variety's praise,—
  Gi'e me the frien's steady an' true!
I'd rather drink swats wi' the auld, *beer*
  Than wallow in wine with the new.

FAIR MARION O' KILKERRAN.

THE bird in Linngston's deep glen,
  His hindmost sang has twitter'd,
An' gloaming owre the western wave,
  Its latest glow has glitter'd.

The elder stars are in a lowe,
  An' fast the younger follow;
The breeze is creeping owre the knowe,
  To sleep within the hollow.

It 's sweet to scent the wind at e'en,
  Whar the wild flower makes it balmy;
It 's blythe to hear the blackbird sing,
  A balu to the lammie.

But it's a heartfu' o' delight,
  To meet wi' thee, my Marion,
When the big moon ranges braid an' bright,
  Owre the dark woods o' Kilkerran.

Some flit their love for kith and kin,
  There 's mae that flit for tocher;
But the gear could lift my love frae thee,
  This warld has nae to offer.

I hae a wee house, an' kail yard,
  I' the howe ayont Knockgirran—
An' a' my wish is to be spar'd,
  To see it the hame o' Marion.

THE GOWAN O' THE WEST.

GAE fetch to me a stoup o' wine,
  An' fill it to the e'e,
Sae I may drink a deep, deep health,
  To her my heart is wi'!

An' bring to me a wooer youth,
  That I, to ease my woes,
May brag my gowan o' the west
  Against his southern rose.

She may be gentle, thy true love,
  She may be fair an' fine,
But by the heav'n above our head,
  She canna be like mine.

Her cheek is like the dawning's glow,
  That gars the birdies chirl; *chirp*
Her e'e is like the lightning's lowe,
  That makes the heartstrings dirl.

Her lips are like to cherries twin,
  That grow upon ae shank; *stem*
Her breath, it beats the simmer win',
  I' the lowne o' a flowery bank. *lee*

Her neck, it's like the siller stour, *spray*
  That booses frae the linn; *rises waterfall*
Her bosom is a lily bower
  That ane would fain lie in.

Awa, awa thou wooer youth,
  Yours may be fair an' fine,
But by the he'ven aboon our head,
  She canna be like mine.

ON WI' THE TARTAN.

Do ye like, my dear lassie,
  The hills wild an' free,
Where the sang o' the shepherd
  Gars a' ring wi' glee;
Or the steep rocky glens,
  Where the wild falcons bide?
Then on wi' the tartan,
  An' fy let us ride. *haste*

Do ye like the knowes, lassie,
  Ne'er were in riggs,
Or the bonny lowne howes,
  Where the sweet robin biggs?
Or the sang o' the lintie,
  When wooing his bride;
Then on with the tartan,
  An' fy let us ride.

Do ye like the burn, lassie,
  Loups amang linns, *leaps waterfall*
Or the bonny green holmes, *banks*
  Where it cannily rins;
Wi' a canty bit housie,
  Sae snug by its side;
Then on wi' the tartan,
  An' fy let us ride.

FAIR JEANIE'S BOWER.

YESTREEN I tirl'd my love's window, *tapped*
When the moon on hie was hinging;
The dawing heard our parting vow,
When the birds began their singing.

She took me to a binwood bower, *ivy*
Was o' her ain han' twining;
The birken buss aboon our head,
An' saft moss for the lining.

The howlet had flown to his hole, *owl*
The hare had left the bracken; *fern*
An' sweet, the lavroc i' the lift,
Wi' singing gart me wauken.

I luckit on her bonny brow,
An' sain'd her wi' my blessing;
I glowr'd upon her comely mou', *gazed*
An' waken'd her wi' kissing.

O, sweet's the banquet o' the bee,
That hives amang the heather;
But sweeter far that lip's to me,
Than ought that bee can gather.

I gat a vow fra her yestreen,
  I gat it wi' a token ;
An' gin ye break it, bonny Jean,
  This heart wi' it is broken.

TAM O' THE BALLOCH.

In the nick o' the balloch, lived Moorlan' Tam,
Weel stentit wi' brochan an' braxy ham;
A breast like a brod, a back like a door,
Wi' a wapping wame that hung down afore. *big belly*

But what's come owre ye, Moorlan' Tam,
Your leg's now grown like a wheelbarrow tram; *shaft*
Your e'e it's faun in, your nose it's faun out,
An' the skin o' your cheek's like a dirty clout.

O' ance like a yaud ye spankit the bent, *colt moor*
Wi' a feckit sae fu' an' a stocking sae stent, *jacket*
The strength o' a stot, the weight o' a cow, *ox* [*hound*
Noo, Tammy, my man, ye're grown like a grew. *grey-*

I mind when the blink o' a canty quean,
Could water'd your mou', and lightit your e'en;
Noo ye look like a yowe, when ye should be a
ram, *ewe*
O, what can be wrang wi' ye, Moorlan' Tam!

Has some dog o' the yird sent your gear abreed, *earth*
Hae they broken your heart, hae they broken your
head; [*sticks*
Hae they rack'd ye wi' rungs, are ye skittl'd wi' steel,
Or, Tammy, my man, hae ye seen the deel?

Wha ance was your match at a stoup or a tale,
Wi' a voice like a sea, an' a drouth like a whale?
Noo ye peep like a pout, ye glumph and ye gaunt,
[*chick yawn*
O, Tammy, my man, are ye turned a saunt?

Come, loose your heart, ye man o' the moor,
We tell our distress ere we look for a cure;
There 's laws for a wrang, an' sa's for a sair, *salves*
Sae, Tammy, my man, what would ye hae mair?

"O, neighbour, it neither was thrasher or thief,
That deepen'd my e'e an' lighten'd my beef;
But the word that mak's me so waefu' an' wan,
Is, Tam o' the Balloch's a MARRIED MAN!"

THE DOGS O' DRUMACHREEN.

YESTREEN I gi'ed my duds a dight,
  An' razor rade my chin,
An' taking off my craig claith,
  I turn'd it outside in ;
Syne canty, in the dowe
  O' a bonny July e'en,
I gaed daunering doon the howe,
  That leads to Drumachreen.

The last time I was owre,
  I had angert sair my doo ;
By fa'ing sound asleep by her,
  Whan in the barley mow.
But I thought she'd hae forgotten,
  Or else she'd hae forgi'en ;
But the deil tak' my dear,
  An' the dogs o' Drumachreen.

I blinkit by the ha' door,
  I whistl'd 'neath the yard ;
But she ne'er leetit after me,
  Mair than I'd been a caird.

I airtit round the peat stack,
  An' thought to catch my quean;
But the neist sight I saw,
  Was the dogs o' Drumachreen.

It 's first they reft my wily coat,
  An' then they reft my breek,
An' syne they bate me on a bit,
  'Bout whilk I mauna speak;
'Bout whilk I mauna speak,
  Tho' it waters baith my e'en;
O! the deil take my dear,
  An' the dogs o' Drumachreen.

THE DAFT DAYS.

THE midnight hour is clinking, lads,
An' the douce, an' the decent, are winking, lads; *sober*
Sae I tell ye again,
Be't weel or ill ta'en,
It 's time ye were quatting your drinking, lads.

Gae ben, an' mind your gauntry, Kate, *cellar*
Gi'es mair o' your beer, an' less bantry, Kate,
For we vow, whar we sit,
That afore we shall flit, *move*
We'se be better acquaint wi' your pantry, Kate.

The "daft days" are but a beginning, Kate,
An' we're sworn; would you hae us a sinning, Kate,
By our faith an' our houp,
We will stick by the stoup,
As lang as the barrel keeps rinning, Kate.

Thro' hay, an' thro' hairst, sair we toil it, Kate,
Thro' simmer, an' winter, we moil it, Kate;
Sae ye ken, whan the wheel,
Is beginning to squeal,
It 's time for to grease, an' to oil it, Kate.

6*

Sae draw us anither drappy, Kate,
An' gi'e us a cake to our cappy, Kate;
    For, by spiggot an' pin!
    It 's waur than a sin,
To flit when we 're sitting sae happy, Kate.

LET'S DRINK TO OUR NEXT MEETING.

Let's drink to our next meeting, lads,
Nor think on what's atwixt;
They're fools wha spoil the present hour,
By thinking on the next.

Then here's to Meg o' Morning side,
An' Kate o' Kittlemark;
The taen she drank her hose and shoon, *one*
The tither pawned her sark. *other*

A load o' wealth, an' warldly pelf,
They say is sair to bear;
Sae he's a gouk, would scrape an' houk, *scratch*
To make his burden mair.

Then here 's, &c.

Gif care looks black the morn, lads,
As he'd come doon the lum; *chimney*
Let's ease our hearts by swearing, lads,
We never bade him come.

Then here 's, &c.

Then here 's to our next meeting, lads,
  Ne'er think on what's atwixt;
They 're fools who spoil the present hour,
  By thinking on the next.
        Then here 's, &c.

MAGGIE M'GEE.

AYE gi'e me auld Maggie McGee, man,
Wi' her cozy auld howff at Knockree, man; *ale-house*
For gin ye want a drap, *if*
Be't frae stoup or frae caup,
Seek the gauntry o' Maggie McGee, man.

[*dull dough*
Should your head be as dowff as the daigh, man,
An' your heart in your fecket lie laigh, man; *rest*
Gae down to Knockree,
Speer for Maggie McGee, *ask*
An' lay your lugs deep in a quaich, man.

Ay weels on ye, Maggie McGee, lass,
Tho' ye're runkl'd, an' short o' an e'e, lass;
I mind the day, Meg,
Whan the birkies would beg, *wags*
Your braw sappy lips for to prie, lass. *taste*

It 's kent ye had proffers enew, lass,
An' our Laird, baith whan sober an' fu', lass,
Aft vow'd wi' an aith,
Shou'd his Kate slip her breath,
Ye should lady it doon at Cardoo, lass.

Tam Dudgeon wha dealt wi' the Manks, lass,
Him ye led like a shelty in branks, lass; *bridle*
Was right tight in your loop,
But a Revenue Sloop
Settled that an' the rest o' his pranks, lass.

Rab the drover, wha came frae Carstair, lass,
Kept cramming your lug late an' air, lass;
Rab's han' wou'd na keep,
Was owre fond o' the sheep,
An' gat hangit, ye 'll mind, down at Ayr, lass;

But gi'e me auld Maggie McGee, man,
Wi' her cozy auld howff at Knockree, man;
For gin ye want a drap,
Be't frae stoup or frae caup,
Seek the gauntry o' Maggie McGee, man

THE TINKLER'S SANG.

WHEN birds in bands, frae foreign lands,
To hill an' howe are hieing; [*goldfinch linnet*
When goudspinks neat, and linties sweet,
Their bravest sangs are trying.

It 's then I see, our greenwood tree, [*dling*
Where wives an' weans are howdering; *hud-*
A scraping spoons, an' crooning tunes, *humming*
While pats an' pans we're sowdering.

Owre brae an' bank, our youngsters spank,
To hunt the brass an' pewter;
For faith the mill may weel stan' still,
Has neither grist nor muter. *toll*

Syne hares frae glens, an' fat muirhens,
Are in the caldron boiling;
While braxy hams, an' hieland drams,
Weel pay us for our toiling.

When gloaming still, creeps up the hill,
The birns we set a-lowing; *sticks*
Screw up the pegs, an' shake our legs,
'Till a' our hearts are glowing.

Ilk girn an' line's inspeckit syne, *snares*
An' gif we've no been lucky;
The farmer's barn, afore the morn,
May ablins lack a chucky. *perhaps chicken*

But spoons a' made, an' fortunes spaed, *told*
Wi' little left to fen' us; *help*
We hoist our creels, take to our heels, *panniers*
An' howff where less they ken us. *haunt*

Nor stent or cess, our minds distress,
We're clear o' lords or gentry;
In cove or glen, we make our den,
An' a' the warld's our pantry.

THE BATCHELOR'S ADVICE TO THE BOYS.

Air, "I HAD A HORSE."

IT 's sad to see, the bauld an' slee,
The lads ance bravely mettl'd;
Gang douf an' douce, about the house, *dull quiet*
By wedlock's cantrips settl'd.

[colt
But the free, the free, the cout that 's free,
Nae tow nae tether ga's him; *rope* *[hoofs*
While the halter'd brute, maun gee his clute,
Just as his driver ca's him. *drives*

Lord, see him there, wi' sich an' prayer,
A fleeching some drest draigle; *coaxing*
To come an' keep his amery bare, *cupboard*
Or daud him wi' the ladle.
But the free, &c.

Syne see him weary out his life,
On weans, to keep an' clout them;
Or fechting for a fractious wife,
When ane can do without them.
But the free, &c.

Horn daft is he, wha greens to gie, *fool*
  A liferent to some gipsy;
To clash wi' cronies owre her tea, *talk scanda*
  An' scauld ye whan ye're tipsey.
          But the free, &c.

Gae hame an' tend the mill an' mow,
  Nor mair o' love be tauking,
We've fools an' beggars' brats enew,
  Sae, youngsters, quit your jauking. *trifling*
          For the free, &c.

TO AN OLD PACK OF CARDS,

THAT AMUSED US IN CROSSING THE ATLANTIC.

PEACE to his spirit did devise,
These most amusing things;
And taught us, democratic-wise,
To play with kings and queens.

When winds were loud as woman's grief,
When the dark wave was rude;
And our good bark, like drifting leaf,
Drave o'er an angry flood;

Or when the elemental 'fray,
Was o'er, and winds asleep;
And like a little isle we lay,
Still. rooted in the deep;

'Twas then ye *cut* old crusty Care,
Of half his killing power;
And *tricked*, and *shuffl'd* daddy Time,
Out many a weary hour.

But cards, like creatures, waxeth old,
Yea all things must decay;
And carnal kings, like kings o' cards,
Last not, thank God! for aye.

Ye 're merry toys, in sooth, yet still,
  Ye 've bred no little grief;
Strange this! that kings occasion ill,
  In boards as well as beef!

But then this solace to the mind,
  Our best attention craves;
For mark their mischief is confined,
  To those who are their slaves.

THE MERRY MAIDS O' SCOTLAND.

Ye merry maids o' Scotland,
  Dear lassies o' langsyne;
How turns o' some auld melodie,
  Will bring you to my min'!
Wi' your daffin an' your laughin,
  Frae glint o' day to gloam,
Whan corn was whitenin on the lea,
  An' hay was on the holm.

At Martimass and Whitsunday,
  At bridal or at fair;
Wi' Sunday braws like drifted snaws,
  Ye wore a doucer air.
But smirks aroun' your rosy lips,
  Wi' glintin's o' the e'e,
Tauld ay how soon a canty tune,
  Could wake ye into glee.

Whan dreary days o' winter,
  Were scailin' sleet an' snaw;
Your fresh unfrosted merriment,
  Sent simmer thro' the ha'.

Your kind gude e'en an' winsome mien,
  Would thow the plowman chiel,
While merry sang, the lee night lang,
  Was chorused wi' your wheel.

I'm far awa', I'm lang awa',
  An' muckle's cam' atween;
The night we reel'd it in the ha',
  Or link'd it on the green.
But sowth we get a canty lilt,
  Ye're a' afore my min';
Dear merry maids o' Scotland,
  Sweet lassies o' langsyne.

LINES,

WRITTEN ON THE ANNIVERSARY OF BURNS'S BIRTH-DAY, WHEN WANDERING BELATED IN THE MOUNTAIN GORGES OF VERMONT.

Last time my feeble voice I raised,
  To thy immortal dwelling;
The flame of friendship round me blaz'd,
  On breath of rapture swelling.

Now far into a foreign land,
  The heavens above me scowling;
The big bough waving like the wand,
  The forest caverns howling.

No kindred voice is in mine ear,
  No heart with mine is beating;
No tender eye of blue is near,
  My glance of kindness meeting.

But rocky mountains towering rude,
  Dim heaven with their statures;
Grim winter in his wildest mood,
  'Midst nature's roughest features.

Yet thou who sung of nature's charms,
  In barrenness and blossom;
Thy strain of love and freedom warms,
  The chill that's in my bosom.

And here, where despotism is mute,
  And right hath the ascendence;
O, where's the land could better suit,
  The hymn to independence;

Thou giant 'mongst the mighty dead,
  What bowls to thee are flowing!
What souls of Scotia's *noble* breed,
  With pride this night are glowing!

To make the following songs, ballads, &c., understood, it is necessary to inform the reader, that, before leaving Scotland for America, in 1822, the writer published, as a Souvenir for his friends, a small volume entitled "A Pilgrimage to the Land of Burns."

Assuming, from Scott's Antiquary, the names of *Edie Ochiltree*, *Jinglin Jock*, and the *Lang Linker*, the three "Jolly Beggars" set off from the City of Edinburgh for the purpose of visiting the scenes which have been consecrated by the genius of Burns, and of collecting any scattered fragments of national songs that might fall in their way. Two of the pilgrims, however, had a double interest in the visit; they were natives of the "Shire o' Ayr."

The "incidents of travel" were all sufficiently real. The songs and rhymes were made for the nonce.

The dawn of the first day is hailed by the Jingler's

MORNING SANG.

GIVE ear unto me, Linker,
An' listen, Ochiltree;
For I hae nae seen a blyther day
This twenty years an' three.
O' my tongue it winna lie, my lads,
This bonny morn o' June,
My words they come in rhyme, lads,
My breath comes in a tune.

An' hurra, an' hurra,
An' hurra, my merry men;
I would'na gie a June day,
For a' the days I ken.

It's blyth to see the braw sun,
Come blinking owre the lea;
It's sweet to hear the cock bird,
A singing on the tree.
A singing on the tree, my boys,
A whistling in the lift;
O, it puts the heart o' Jinglin Jock,
Into an unco tift! *state*

An' hurra, an' hurra,
An' hurra, my merry men ;
I wadna gi'e the lintie's sang *linnet's*
For a' the sangs I ken.

We 'll tak' it canna up the braes,
Syne gi'e the beastie head ;
An' whan we fin' a cosey howe,
We 'll sit us down an' feed.
Our kebbock an' our cakes, lads, *cheese*
Will mak' our meal a treat ;
An' a wee drap o' Jock Barleycorn,
Will mak' the burnies sweet.

Then hurra, an' hurra,
An' hurra, my merry men ;
I wadna gi'e Jock Barleycorn
For a' the jokes I ken.

At Carnwath they get

THE GOUD UPON CHARLIE.

Air, "OWRE THE WATER TO CHARLIE."

If ye'd drink yill, an' be canty still, *ale merry*
Sin' the breeks has bang'd the kiltie;
Wale out the lads, wore the white cockades,
An' delight in a Jacobite liltie. *song*

Chorus.—Then up wi' the lads, wore the white cockades,
Altho' they be scatter'd right sairlie;
There 's a sough in the land, there 's a heart an' a hand
That may yet pit the goud upon Charlie!

Tho' a poor German daw's got the crap o' the wa', *[top*
An' our ain bonny doo it has pookit; *plucked*
We 've gude falconers still, an' whan they get their will,
They 'll pit the right doo in the dookit. *dove cot*
Then up, &c.

Then keep your blue bonnet, a wee ere ye don it,
An' keep your claymore frae the stouring; *soiling*
Ye may yet hear a horn, on a braw simmer morn,
That may thank ye weel for the scouring.
Then up, &c.

Tho' base hireling swords, an' cauld blooded words,
  Hae yirded the pride o' the thistle ; *earth'd*
Tho' the bouk's in the grun', the saul's in a son, *body*
  That may yet gar auld Hanover fistle. *stirs*
    Then up, &c.

The banks of the Clyde afford them

THE KNIGHT O' ELLERSLIE.*

THE Southern loon's wrought mickle scaith, *harm*
Unto our west countrie;
He has ta'en the gear, but he's got the wrath,
O' the knight o' Ellerslie.

Sir William's ta'en his sword in hand,
It was weel prov'd an' good;
Three waps o't round his burdly breast, *blows*
Has clear'd a Scottish rood.

Upon his lip there is a vow,
Upon his brow a ban;
He 'll learn our faeman their ain march, *borders*
If it may be learn'd by man.

To see him in his weed o' peace,
Wi' the dimple on his chin;
O, stood there e'er a fairer Knight,
A lady's love to win'?

To see him in his shell o' steel,
His braid sword by his thie; *thigh*
O, stood there e'er a brawer knight,
To redd a hail countrie? *clear whole*

* Sir William Wallace.

Step out, step out, my gallant knight,
By thysel' thou shanna stride;
Tho' white the locks lie on my brow,
An' my shirt o' mail hings wide.

Blaw up, there's gallant hearts in Kyle,
An' the upper ward o' Clyde;
Blaw up, blaw up a thousand spears
Will glitter by thy side!

There 's mony bow to goud, I trow,
There 's mae that bow thro' dread; *more*
But blaw a blast, thou wight Wallace,
An' look for man an' steed.

Oh! wha could bide by pleugh an' spade,
While a Southern's in the land?
Oh! wha can lag whan Wallace wight,
Has ta'en his sword in hand!

To him that dares a righteous deed,
A righteous strength is given;
An' he that fights for liberty,
Will be free in earth, or heaven.

At Strathaven, taking "their ease in their inn," they sing

THE INGLE SIDE.

It's rare to see the morning bleeze,
Like a bonfire frae the sea;
It's fair to see the burnie kiss
The lip o' the flowery lea;
An' fine it is on green hill side,
When hums the hinny bee;
But rarer, fairer, finer fair,
Is the ingle side to me.

Glens may be gilt wi' gowans rare,
The birds may fill the tree,
An' haughs hae a' the scented ware,
That simmer's growth can gi'e;
But the cantie hearth where cronies meet,
An' the darling o' our e'e;
That makes to us a warld complete,
O, the ingle side's for me!

Nearing his "Daddy's ha'," the Jingler chants

A HAMEWARD HYMN.

EACH whirl o' the wheel,
  Each step brings me nearer
The hame o' my youth;
  Every object grows dearer.

The hills, an' the huts,
  The trees on that green;
Losh! they glour in my face, *stare*
  Like some kindly auld frien'.

E'en the brutes they look social,
  As gif they would crack;
An' the sang o' the bird
  Seems to welcome me back.

O! dear to the heart,
  Is the hand that first fed us;
An' dear is the land,
  An' the cottage that bred us.

An' dear are the comrades,
  Wi' whom we once sported;
But dearer the maiden,
  Whose love we first courted.

7*

Joy's image may perish,
  E'en grife die away;
But the scenes o' our youth,
  Are recorded for aye.

Entering a wood he had assisted to plant some twenty years before, he delivers

A JINGLE TO A TREE.

Look, neighbours, do you see
That giant of a tree?
Would ye think that I had seen,
That stately tent o' green,
A mere finger length o' timber;
A thing so light, an' limber,
That a crow, intent to bigg,
Might hae ta'en it for a twig,
An' weave it amongst straws,
Such a trifle then it was,
Tho' now ye see the crows
Might hatch upon its boughs.

Thae trees, that whole plantation,
Hauds the glen in occupation;
Troth, I hae seen the day,
For all their grand array,
That, wi' little stress I could,
Hae carried the hale wood;
Tho' the smallest now, ye see,
Might be my gallows tree!
Lord hae mercy upon me!

Meeting with a matron, who in early days had "ta'en his youthful fancy," he produced a rhyme

TO AN OLD FLAME.

It was you, Kirsty, you
First touch'd this heart I trow,
Took my stomach frae my food,
Put the devil in my blood,
Made my doings out o' season,
Made my thinkings out o' reason;
It was you, Kirsty lass,
Brought the Jingler to this pass.

But when amaist dementit, *crazy*
My sair heart got ventit;
O, what happy days we'd then,
'Mang the hazels o' yon glen!
Aft by bonny Irvine side,
We hae lain, row'd in a plaid,
Frae the settle o' the night,
To the income o' the light.

An' Kirsty, lass, I see,
By the twinkle o' thy e'e,
An' Kirsty, faith I fin',

By a something here within,
That tho' ye've ta'en anither,
An' tho' ye be a mither,
There's an ember in us yet,
That might kindle, were it fit.

Then fare-ye-weel, my fair ane,
An' fare-ye-weel, my rare ane,
I ance thought, my bonny leddy,
Thy bairns would ca't me daddy.
But that braw day's gane by,
Sae happy may ye lie,
An' canty may ye be
Wi' the *man* that should been *me.*

To his deary in Dunedin he indites an epistle,

DEAR JEAN.

HERE while the ither twa are lying,
Ahint a buss an' eident spying, *diligently*
The country bodies, kirkward hieing,
To furm or pew;
I wi' my head an' hand am trying
A verse to you.

An' tho' the Irvine by me flows,
A stream weel lik'd ye may suppose;
An' tho' my e'e, an' lug, an' nose, *ears*
Are feasted fine,
Still backward to Auld Reekie goes,
The roving min'.

In truth, we 're queer inconstant craft,
Whyles harden'd, when we should be saft;
Whyles dowie when we should be daft,
Against the grain;
An' when we look for pleasure aft,
We meet wi' pain.

But Jeanie lass, I maun admit,
Up to the date that here I sit,

I 've met wi' nought but pleasure yet,
The very best,
An' troth we're e'en a canty kit, *merry set*
As ere drave west.

Anent mysel'; but that's a theme, *touching*
I 'd ablins better let alane; *perhaps*
Troth I 've been nether "lag nor lame,"
To play a stick,
Altho' in naething had the name,
O' blackguard trick.

It aften seems to me surprising,
(Ye 'll ferly at my moralizing,) *wonder*
That chiels wi' right afore them rising,
As plain as paritch; *pudding*
Will listen to the de'il's advising,
An' scorn their carritch. *catechism*

A lad may gi'e an' antran sten', *occasional jump*
Ayont the prudent scores o' men; *beyond*
But when he makes mischief his en'
Wi' spirit willing,
It 's then the thoughtless fool ye ken,
Frae settled villain.

Some folk are high an' low by fits,
An' some are mean to fill their guts;

But gif a deed o' mine e'er pits,
Rogue to my name;
Say then, the Jingler's tint his wits, *lost*
His reason's gane.

Noo, Jean, I would'na think it queer,
Gif ye should ax yoursel just here; *ask*
What's set the Jingler thus to clear,
His gaits to me; *ways*
As I had ony right to speer, *inquire*
What they may be?

The truth is, Jeanie lass, I fin',
That in this wicked warld there's ane,
That gif she lays nae wilfu' sin,
Upon my back,
I dinna care a pudding pin,
Hoo ithers crack.

But fareweel, lass, for faith the sun,
Ayont the crap o' heaven has run, *top*
An's westward hitching to the grun,
Sae we maun in,
Wi' spoon an' plate, right belly fun,
To stent our skin. *stretch*

Ance mair fareweel, an' min' this, Jean,
Tell every kind enquiring frien',

That in this land o' pastures green,
An' flower an' flood,
Our feeding like our fun has been,
Baith great an' good.

An' fare-ye-weel again, like twa,
Are sweirt to part but maun awa', *averse*
I turn to say, that like a wa',
Or as a rock,
Ye hae ae friend, aye worth them a',
In Jinglin Jock.

The simmering of the tea-kettle by the Ingle Lug makes him write

LINES TO A TEA-KETTLE.

THO' to me it is a feast,
When the morning leaves the east,
To hear ilk happy thing,
That can whistle, chirp, or sing,
Be its belly on the fluds,
Its seat upon the wuds,
Or its wing amang the cluds,
Sing out, wi' a' its might,
A welcome to the light.

Yet on drowsy afternoon,
There is naething like the croon,
Or curmuring o' the kettle,
Be it tin or copper metal,
When wi' glancing han' an' pow, *head*
It sits clocking owre the lowe, *fire*
O! the goudpink on the timmer,
Is naething to its simmer!

The very sweetest strain,
Aften tells o' days are gane,
Sae, whatever bless it brag,
In the hinny there's a jag, *sting*

But thee, thy saddest hum,
Still talks o' joys to come,
And thy wildest minstrelsie,
Cries for butter, toast, and tea,
Thou 'rt an instrument, I wot,
Without a gloomy note.

I declare, as I'm a sinner,
It's a cordial after dinner,
On an easy chair to sit,
Wi' the fender 'neath your fit,
While in the deafening ear,
Thy drowsy hum we hear,
Till it steals us clean awa',
Like a babie's hushiba,
Then we're off, in visions sweet,
To where flowers lie in the weet,
Or Beltane lammies bleat.

Syne to wauken frae our dream,
As the sugar an' the cream,
Plays plout into the cup,
Hech, how happy we look up,
To the frien's are smirking o'er us,
Wi' the reeking cups afore us,
O, by Jingo! it's exceeding,
'Tis the paradise o' feeding!

Driving through "Kyle Stewart" he composes a

CROON TO A KYLE COW.

MY bonny brockit leddy, *speckled*
I can see that Kyle has bred ye,
Wi' your snawy face an' fit,
An' your rigging like a nit;
I can reckon, by your fleck,
Or your genty nose an' neck,
In fact, your very tail,
Declares ye seldom fail,
To fill a reaming bowie, *pail*
Three times a day, my cowie.

Thy bulk is no uncouth,
Like the monsters o' the south;
Nor hae ye ony trace,
O' that hairy Hieland race,
That come south frae hills an' bogs,
Like droves o' horned dogs;
No thou 'rt the queen of brutes,
That moveth upon cloots! *hoofs*

I'd doubt if there 's a man,
In the borders o' this lan',
Or a beast, if ye had aff,

The canny sucking calf,
That delights so much as I
In what is ta'en from kye;
For here let it be tauld,
Be it warm, be it cauld,
Be it cream'd, be it kirn'd,
Be it lappert, be it yearn'd,
Be it sour in crock or pig,
Be it crappit whey or whig,
Be it blinkit, be it broke,
It's welcome aye to Jock.

But when as fat as grease,
It comes forth in name o' cheese;
As bright an' yellow's brimstone,
An' as big's a muckle grunstone;
What e'e is no ta'en captive,
What jaw is then inactive,
When the gudewife cries "fa' on," [*bread*
To the wally whangs an' scone? *large slices*

When a drouthy chiel or twa,
Take a scour o' usqueba', *drink*
Gin about the chap o' ten, *stroke*
The browster wife brings ben *brewer*
A stow o' thee, made nice *piece*
Wi' a stouring o' the spice,
Frae the ingle, fat an' frying,
An' on cakes sae crumpy lying, *brittle*

Gin the lads be in a plight,
To ken the day frae night,
Thou 'rt an unca pleasant sight.

O ! to see on simmer morn,
When the craik's amang the corn, *landrail*
An' the gowan 'mang the grass,
A barefit sonsy lass, *jolly*
Come scudding thro' the dew,
An' cowr doon aneath her cow,
Syne, wi' canty sang an' glee,
Stroan the leglan to the e'e, *pail*
Sic a sight has gart me swither,
Atween the tane an' tither,
That is, her lip sae sweet,
An' the bowie 'tween her feet.

Merged fairly into the "land of Burns" they vent their feelings in

A MORNING "ALL HAIL TO COILA."

HUZZA! for the land of our minstrel's birth,
The green fields that waved in his eye;
The echoes that rang to his woe, or his mirth,
And the mountains that bounded his sky!

It spreads on the sense like a beautiful dream,
Tis the mantle that Coila wore;
Bedropp'd with the forest, enstrip'd with the stream,
And fring'd with the fret of the shore.

Yet had winter been here, with his heaviest sigh,
Had the sea rolled his heaviest wave;
And the stem of that flower, which now gladdens the eye,
Stood a monument over its grave;

It had still been the land of our heart, the sweet spot
That stands in our fancy the first;
And symbol'd more truly the desolate lot,
Of the ill fated spirit it nurs'd.

Ye sweet birds of summer that sing from the brake,
Ye larks, that the blue vaulting skim;
How the bound o' the heart to your melody wakes,
'Twas your sires that gave music to him.

What spirits have warmed wi' his melody, oft
To be quench'd in the chill o' the world!
Or hoisted a banner of manhood aloft,
That necessity's mandate has furl'd.

But here let us vow, that whatever may come,
However our fates may be star'd;
Our precepts shall be, those have hallow'd thee,
Fair land of the Patriot and Bard.

At Monkton they find

BONNY BESSY BALLANTEEN.

Air, "GREEN GROW THE RASHES."

If ye 're a lad that langs to see
The fairest face that e'er was seen;
Gae down to Kyle,—it's worth your while,
An' speer for Bessy Ballanteen. *inquire*

Bonny Bessy Ballanteen,
Bonny Bessy Ballanteen;
Many a bonny lass I 've seen,
But nane like Bessy Ballanteen.

Altho' your lassie hae nae faut;
Altho' ye've sworn her Beauty's Queen;
I 'll wad a plack, ye 'd change yer crack, *9th part*
Gin ye saw Bessy Ballanteen. [*of a farthing talk*

Bonny Bessy, &c.,
Mony hearts for you 'ill green, *long*
My bonny Bessy Ballanteen.

Yet gin ye're tether'd to a stake,
Gin ye 're a married man I mean;
For fear ye'd rue your wedded vow,
Beware o' Bessy Ballanteen.

Bonny Bessy, &c.,
Your wedded love's no worth a preen, *pin*
Gin ye saw Bessy Ballanteen.

But gin ye 're free as man may be,
A canty birkie, swank an' clean ; *merry fellows*
Gae try your luck, my hearty buck,
The prize is Bessy Ballanteen.

Bonny Bessy Ballanteen,
Lovely Bessy Ballanteen;
He is in heaven wha is at e'en,
Wi' bonny Bessy Ballanteen.

In "Auld Ayr wham ne'er a toun surpasses
For honest men, and bonny lasses,"

the Lang Linker meets an old sweetheart, to whom he makes known his sentiments in

THE BOUROCKS O' BARGENY.

I LEFT ye, lassie, blooming fair,
'Mang the bourocks o' Bargeny; *bowers*
I've found ye on the banks o' Ayr,
But sair ye're altered, Jeanie.

I left ye 'mang the woods sae green,
In hamely weeds befitting; *garb*
I've found ye buskit like a queen, *dressed*
In painted chaumers sitting.

I left ye like the wanton lamb,
That plays 'mang Hadyett's heather;
I've found ye now a sober dame,
A wife an' eke a mither.

Ye're fairer, statelier, I can see,
Ye're wiser, nae doubt, Jeanie;
But O, I rather met wi' thee,
'Mang the bourocks o' Bargeny.

In Ayr they also pretend to get

MARY THAT I WERE WI' THEE.

IT 's dowie in the hint o' hairst, *lone*
  At the wa'gang o' the swallow ;
When the wind grows cauld, the burns grow bauld,
  An' the woods are hinging yellow.
But O, it's dowier far to see,
The wa'gang o' her the heart gangs wi' ;
The deadset o' a shining e'e,
That darkens the weary warld on thee.

There was muckle love atween us twa,
  O, twa could ne'er been fonder ;
An' the thing on yird, was never made,
  That could hae gart us sunder.
But the way o' heaven's aboon a' ken,
An' we maun bear what it likes to sen',
It's comfort tho' to weary men,
The warst o' this warld's waes maun en'.

There 's mony things that come an' gae,
  Just kent an' just forgotten ;
The flowers that busk a simmer brae,
  Gin anither year lie rotten.

But the last look o' that loving e'e,
The dying grip she gae to me;
They 're settled like eternity,
O, Mary, that I were wi' thee!

Burns is presumed to have written

DOON REVISITED.

I HAE friends on Irvine side,
  My heart's in Mauchline town;
Yet my spirit hath a pride
  In the bonny banks o' Doon.

Tho' the weary wark o' time
  Has altered a' I see;
An' the hame, that ance was mine,
  Is a fremmit hame to me; *foreign*

Tho' mony a heart lies cauld,
  Would hae warm'd to meet me here;
Still thy murmuring, sweet Doon,
  Melts wi' pleasure in mine ear.

O! ye bring the fields an' flowers,
  Where my spirit's growth began;
And all the joyous hours
  That built me into man.

It brings the e'enings mild,
  An' my soul's serenity;
Ere my heart's blood started wild,
  To the glance o' woman's e'e.

Thy charms are written down,
  On a page that will not blot;
For I 'll mind thee, bonny Doon,
  Till all but heaven's forgot!

After dinner in the "Kirk yard" they address

LINES TO ALLOWAY KIRK.

BEHOLD, ye wa's o' Alloway,
  This curn o' canty carlies; *few*
Wha 've driven thro' Cunningham an' Kyle,
  In search of fun an' ferlies. *wonders*

It 's no cause mony a great divine,
  Their holy words here wair'd; *spent*
That we respect your stane an' lime,
  An' dinner in your yard.

But Alloway, that night ye were,
  Hell's place o' recreation;
Baith heezed an' dignified ye mair, *raised*
  Than a' your consecration.

The bit wherd fornicators sat,
  To bide their pastor's bang;
Is now forgotten for the spat,
  Whar Nanny lap an' flang.

The pu'pit whar the gude Mess John,
  His wig did weekly wag;
Is lightlied for the bunker seat, *neglected*
  Whar Satan blew his bag.

An' what's the-ferley ? Priests an' fools,
  Are gear we've aye a clag o' ; *enough of*
But Coila's son, now in the mools, *grave*
  Eternity 'ill brag o' !

Another of the pilgrims from Doonside writes to his

"LADY LOVE."

DEAR Ann, upon this hallow'd earth,
That gave the bard o' Coila birth;
  I take my pen an' ink,
A loving line or twa to write,
And on this rhyme-inspiring site,
  It canna miss but clink.
Altho' ye ken I'm little gi'en,
  Your praises to rehearse;
An' tho' I be as seldom seen,
  To vent my heart in verse;
Yet here, lass, it's queer, lass,
  A thing ye'd scarce suppose;
I tell ye, an' fell me,
  I canna make it prose.

In wrangling wi' the warld, or when
I'm making fun wi' funny men,
  Ye 're whyles forgot a wee;
But gi'e me half a musing hour,
Then as the bee flees to the flower,
  So hies my heart to thee.
We a', nae doubt, are fasht wi' flaws, *troubled*
  That shade us frae perfection;

Tho' some wi' arts, like plaster sa's, *salves*
Can smuggle their infection.
Awa ye, foul fa' ye
Wha wear a painted skin,
Write chapters o' raptures,
When a' is cauld within!

I winna say, in case I lee,
That ye 're by far the fairest she
That e'er was in creation;
Nor will I say, in virtue either,
That a' that's gane, was but a blether,
To thy immaculation.
But this I 'll say, because it's true,
In mind as well as make;
Ye 've charms your Edie's heart, my doo, *dove*
To keep as well as take.
There 's mair ways, an' fair ways,
To take an honest heart,
Than winkings an' jinkings,
O' beauty spiced wi' art.

And tho' atween us, bonny Ann,
There 's waters, woods, an' muckle lan',
In pasture an' in vittle; *grain*
Tho' day by day I 'm doom'd to see,
Fair lassies, wi' a pauky e'e, *winning*
Would make a gutcher kittle; *grandsire*
Yet there's a bit 'neath this breast bane, [*tickled*
The dearest portion in 't,

Where, fram'd in treasur'd days are gane,
  Thy image lies in print.
This shiel's me, this steels me,
  'Gainst ony ither flame;
And renders, a' genders,
  To me the very same.

O, Annie lass, what would I gi'e,
To catch the sparkle o' thy e'e
  Amang thae banks an' braes
Where Coila's bard would aften rove,
Burning wi' poetry an' love,
  Or raving o'er his waes.
Then, as ye sang his sweetest sang,
  Thy voice makes sweeter still;
I 'd lay me on the swaird alang,
  An' drink o' joy my fill;
O, this, lass, were bliss, lass,
  But as it canna be;
Adieu, then, be true, then
  To Edie Ochiltree.

They, at same place, are fortunate enough to discover

A RECIPE FOR MAKING A SCOTSMAN.

If ye would learn the lair that makes
  A chiel baith fier an' fell, man; *sound smart*
Gi'e ear unto the redd o' ane, *caution* [*work*
  Wha's dree'd the darg himsel, man. *done the*

Gi'e gentle words to gentlefolks,
  An' bow aye to your betters;
Keep your ain hand at your ain hank, *job*
  Nor fash wi fremmit matters. *meddle foreign*

In cracking wi' camstairy chiels, *quarrelsome*
  Or dealing wi' the drucken;
Ne'er cangle at ilk crabbit word,
  Nor straik till ye be strucken.

At markets, fairs, or ony part,
  Whar round the yill is han'ing;
Look like the lave, but in your heart, *rest*
  Be ye a bargain planning.

But never bargain at a word,
  For either horse or wife, man;
Ye may rue the tane a month an' mair,
  An' the tither, a' your life, man.

Right canny let your cracks aye be, *talk*
But cannier be your bode, man; *bid*
Let caution aye be sib to thee, *akin*
An' reason be thy road, man.

Sae will ye soon get gear, an' syne *goods*
Ye 'll soon get frien's anew, man;
For men are like the mice, they rin
Aye where the girnal's fu', man. *garner*

Dropping over "brown Carrick hill" into the valley of the Girvan, the Lang Linker breaks forth,

TO MY NATIVE STRATH.

At last there streaks my native Strath,
  Aneath the redd'ning light;
O, many a bitter day's gane by
  Since last I saw this sight.

An' many a time thy stately trees
  Hae leaf'd in the simmer's sun;
As aften has November's freeze
  Loos'd a' to the winter win'.

An' mony a gallant family,
  Since last my howff was here,
By fortune's fell an' fickle blasts,
  Been scattered far an' near.

An' whar are a' the bonny bairns
  I left upon the knee?
I winna ken them, frae the frem, *strange*
  Nor yet will they ken me.

The lassie that I lo'ed the first,
  The young thing I lo'ed weel;
Was then a fair bud on yon bank,
  An' span at her mither's wheel.

I thought thee, Jessie, then, my ain,
  Steve trystit for gude an' a'; *engaged*
But the grapple o' our young hearts,
  The warld likes to scuff awa. *shove*

Alas! what stint the tear an' wear,
  O' time to baith has dune!
Yet still thy name comes to my ear,
  Like the *sough* o' a pleasant tune.

Taking a gloaming walk he invents

A BALLAD TO A BAT.

THOU queer sort o' bird, or thou beast,
  I'm a brute if I ken whilk's thy tittle; *which is*
Whar gang ye, when morning comes east,
  Or how get ye water or vittle? *food*

Thou hast lang been a ferley to me, *puzzle*
  An' a droll ane as e'er I inspeckit;
Hoo's nature deliver'd o' thee? *[hatched*
  I say, thing, art thou kittlit or cleckit? *born or*

By my soul, it leuks richt like a lee, *lie*
  For to say that without e'er a feather;
A creature should offer to flee,
  On twa or three inches o' leather!

The sangster that says, thou art sweet,
  Or rooses thy fashion or featness; *praises*
Maun be blin' as the soles o' his feet,
  Or hae unco queer notions o' neatness. *very*

Yet, at e'en, when the flower had its fill,
  O' the dew, an' was gather'd thegither;
Lying down on its leaf, saft an' still,
  Like a babe on the breast o' its mither:

Then, we aft hae forgather'd, I trow, *met*
  When my back 'gainst the birk buss was leaning,
As my e'e rak'd the lift's deep'ning blue, *sky's*
  In search o' the sweet star o' e'ening.

For its glint tauld my ain kindly Kate,
  Her laddie was doon in the planting;
Sae I lov'd thee, as ain lo'es the freet, *omen*
  That proffers the weather they 're wanting.

It 's no aye the love warst to bear,
  That sticks in the bosom the strongest;
It 's no aye the gaudiest gear,
  That lives in the memory the longest.

Sae be ye a bird, or a beast,
  Still wi' dearest o' days I maun mate ye;
An' thy flitter's aye welcome to me,
  For it min's me o' langsyne an' Katie.

They meet with one of the last "o' the bowld Smugglers" that once infested "Carrick's shore" and he sings them three songs.

THE GAUGER.

Air, "NANCY DAWSON."

THE gauger he's gane owre the hill,
Wi' his horn an' his quill,
Will ye wad wi' me a gill, *wager*
The gauger he 'll come back, man?
He 's howkit thraives o' Irish bags, *dug up*
He 's herrit coves o' brandy cags, *plundered*
There 's hunners 'tween the Loch an' Largs,
Could see him on a rack, man.

He cost McQueen a browst o' yill,
He brak Pate Simpson's whiskey still,
It 's awfu an' unkent the ill,
This warlokin has wrought, man;
He gars McMaster keep outowre,
His billy keeps a seventy-four,
He 's coft his killing ten times owre, *bought*
He 'll get what he has coft, man!

Nae stream can brook a constant spate,
The dourest things maun hae a date, *stoutest*
An' dogs wha hae a country's hate,

Should redd weel wha they bark at; *mind*
Pate Simpson, he 's begun to ban,
An' Patrick has a lang Queen Ann,
Noo, Lord hae mercy on the man,
That Patrick taks a mark at!

THE LADS OF LENDALFIT.

"THE boat rides south o' Ailsa craig,
In the doupin' o' the night; *dropping*
There 's thretty men at Lendalfit,
To mak' her burden light.

"There 's thretty naigs in Hazelholm,
Wi' the halter on their head;
Will cagd't this night, ayont yon height, *pack it*
Gif wind an' water speed.

"Fy reek ye out the pat an' spit, *get*
For the roast but an' the boil;
For wave-worn wight, it is nae meet,
Spare feeding an' sair toil."

"O, Mungo, ye 've a cosey bield, *house*
Wi' a butt ay an' a ben; *kitchen hall*
Can ye no live a lawfu' life,
An' ligg wi' lawfu' men?" *league*

"Gae blaw your wind aneth your pat,
It's blawn awa' on me;
For, bag an' bark shall be my wark,
Until the day I dee.

"Maun I haud by our hameart gudse,
An' foreign gear sae fine?
Maun I drink o' the water wan,
An' France sae rife o' wine?

"I wouldna wrang an honest man,
The worth o' a siller croon;
I couldna hurt a yirthly thing,
Except a gauger loon.

"I'll underlie a' rightfu' law,
That pairs wi' heaven's decree;
But acts an' deeds o' wicked men,
Shall ne'er get grace frae me.

"O, weel I like to see thee, Kate,
Wi' the bairnie on thy knee;
But my heart is noo, wi' yon gallant crew,
That drive thro' the angry sea.

"The jauping wet, the stentit sheet,
The sou-west's stiffest gowl;
On a moonless night, if the timmer's tight,
Are the joys o' a smuggler's sowl!"

THE ROVER O' LOCHRYAN.

THE Rover o' Lochryan he's gane,
Wi' his merry men sae brave;
Their hearts are o' the steel, and a better keel,
Ne'er bowl'd o'er the back o' a wave.

It 's no when the loch, it lies dead in its trough,
When naething disturbs it ava;
But the rack an' the ride, o' the restless tide,
An' the splash o' the grey sea-maw. *seamew*

It 's no when the yawl an' the light skiffs crawl
Owre the breast o' the siller sea;
That I look to the west, for the bark I lo'e best,
An' the Rover that's dear to me.

But when that the clud, lays its cheek to the flud,
An' the sea lays its shouther to the shore;
When the wind sings heigh, an' the sea whaups screech,
As they rise frae the deafening roar.

It 's then that I look, thro' the thickening rook,
An' watch by the midnight tide;
I ken the wind brings my Rover hame,
And the sea that he glories to ride.

Merrily he stands 'mang his jovial crew,
Wi' the helm heft in his hand;
An' he sings aloud, to his boys in blue,
As his e'e's upon Galloway's land.

"Unstent and slack, each reef and tack,
Gi'e her sail, boys, while it may sit;
She has roar'd thro' a heavier sea afore,
And she'll roar thro' a heavier yet.

"When landsmen drouse, or trembling, rouse,
To the tempest's angry moan;
We dash thro' the drift, an' sing to the lift
O' the wave that heaves us on.

"It's braw, boys, to see, the morn's blyth e'e,
When the night's been dark an' drear;
But it's better far to lie, wi' our storm locks dry,
In the bosom o' her that is dear.

"Gi'e her sail, gi'e her sail, till she buries her wale,
Gi'e her sail, boys, while it may sit;
She has roar'd thro' a heavier sea afore,
And she'll roar thro' a heavier yet!"

They return by the way of Mauchlin town, and from Galston hill chant

FAREWELL TO THE LAND OF BURNS.

I HAVE said, fare thee well, before,
  As I look'd, with mine eyelid wet,
Upon scenes where my heart had a store;
  And those plants of the spirit were set
That we cannot uproot, or forget.
  And I've felt as the dark mountain's brow
Had it written in letters of jet,
  "Eternity severs us now."

And I feel that, "for ever," begun,
  Fair land as I gaze upon thee;
No more shall that "sweet setting sun"
  Illumine those valleys for me!
Yet bright may your blossoming be,
  And soft be the gush o' your streams;
O! oft in my slumbers will ye
  Be the land o' my loveliest dreams.

The remembrance of thee will not wear,
  Like the mist on the mountains, away.
Or, as temples that grandeur will rear,
  To glitter and glance for a day;

But like towers are embedded for aye,
  It shall stand on the top o' my heart,
And o'er my fond fancy hold sway,
  While memory her pleasures impart.

Prepared to leave Scotland for America, the Author wrote, by Girvan side,

LINES ON LEAVING SCOTLAND.

If there be aught on earth that can o'errule
  A settled soul, to apathy akin,
Gushing it o'er the edging of that pool,
  The withering world hath dried and dam'd it in,
  It is the bowering woods, the pleasant din
Of waters where our infancy was spent,
  Ere the fresh spirit took the tint of sin,
Ere care had made a vassal of content,
But all was pure as Adam's first intent.

Ten years have deck'd and desolated thee,
  Hath shrunk thee in, or swollen thee o'er thy meads
Since last I beat thy pools, in boyhood's glee,
  Clear sleeping in thy vale, like crystal beads;
  While the live waters, like to silver threads,
Seem'd stringing all together; yet when I
  Would think of flowers have beautified the weeds
That I have wander'd over, thou art nigh,
With all thy glories waving in mine eye.

My memory hath of thee a faithful chart,
  And, with the waning winter, never ceas'd

To bear me, where yon hillock stands apart,
  Holding its shoulder to the cold nor-east,
  Making the blast o'erleap its sheltering breast,
'Till April's lovely family are seen,
  Giving the weary sense its earliest feast,
Of scented yellow, and refreshing green,
Spring's pleasant pledge of summer's finish'd scene.

We left thee, like the Patriarchs of old,
  A family with all our stock and store,
Hoping as man will hope still, to behold,
  A spot where we might fix and fasten more,
  A wider cable and a sheltering shore;
But there arose a tempest, and it blew
  Till our best holds were broke and overbore,
And he, the noble helmsman of the crew,
The father of our life and love it slew.

O! I have mourn'd profusely o'er the dead,
  And wish'd that they were back, or I away,
But thy departure, father, was the head,
  The chief of all my sorrows to that day,
  Thou wert my spirit's propping and its stay,
Thy path was aye the pathway of the just,
  And all thy principles so purely lay,
Within the founts of honor, truth, and trust,
That I will write above thy honoured dust;

Father, if thou hast not the rest,
Eternal heaven hath named the best,
There 's not a living man on earth,

Who knew thy virtues and thy worth,
But what would say, with all their hearts,
"Ainslie, thou hast not thy deserts."

I might have been a *something* in this land,
Nor penury on my name had put its blot,
Had roguery but been scantier, or this hand
Held, crab-like, by the grapple that it got,
But I was cold, when villany was hot,
And so it went. But with it did I throw
The watery, wistful look, that those who dote
Gift unto each at parting? Truly no,—
I spoke without a sigh, and bade it go.

Youth, health, and strength, were yet within the cup,
And spirits of a height no hand might crop,
All well priz'd items, in my summing up,
What this world hath to give, and liar hope,
Held to my fancy's growth her slippery prop
And told me, with a wanton's wiling then,
How poorer ones had struggl'd to the cope
Of this world's wealth and honors; this was plain—
I was a man, it had been done by men.

Yet, sooth, I had no stomach for the heights,
Those pinnacles eternal in the beam,
My eye was on a valley spot, whose lights
Are tatter'd with the trees, and rather seem
A hiding place, where inward blessings teem,
Ranker, than outward flourishing; a nest

Where a quiet soul might hatch its harmless dream
Far from the world, whose doings at the best,
Despoil the bosom's peace, the spirits rest.

I girt me for this travel, but alas!
I found that there were giants in the way,
And truth, old stubborn truth, rose in my face,
Telling me in the vaunt of my essay,
"Good lad, thou art not harnessed for this fray,"
I might have braving courage, quite enough,
But lack'd that prudence, inches day by day,
Sly sentinel discretion, and the stuff
That plods away, regardless of rebuff.

A stubborn iron pride that could not stoop,
And wag and wave like willow to the breath
Of those whose word is wealth—then, at a swoop
This gave my sickly hopes a sudden death,
Building a tall partition in my path,
That I to sap or scale was all unfit;
So, failures oft repeated grow to faith,
On each new struggle, this old truth was writ,
"This is no world for thee, nor thou for it."

Nor stand I single, there is joy in that,
Misrule hath sicken'd many would be free,
And curs'd corruption, with her brood, hath sat
A jury upon worth, and doth decree—
This is no land for honesty to be.
It boils the blood to see what villains dare,

How shade, by shade, they darken slavery,
But hush, there is a balm to our despair,
A word of hope—"There is a world elsewhere."

Columbia, thou refuge, thou Canaan,
Unto our house of bondage! Yon red light
That now is dying on our western main,
Leaving us in the groppings of the night,
Is gushing on thy shores a morning bright;
No foggy glimmer, no autumnal haze,
That looks of heaviness, and breathes of blight,
But that wide heavenful of unflecker'd blaze,
That prophesies a long, long, term of glorious days.

I see thee like a giant in his teens,
Thy ponderous sinews stiffening to a pitch
Might make the nations tremble, but, thou beams
From eyes, in liberty and honor rich,
A smile declares that battle's not thy itch.
Yet woe to him who maddens thee to take
Thy sword, and leave the mattock in the ditch;
Thy infant brawl hath made our world awake,
And thy old tyrant mother, quail and quake.

Come then, ye tribe, ye clansmen o' my heart,
Let's launch us with our souls for freedom's shore;
Tho' we have ties to cut, tho' we must part
With friends, will make the inmost bosom sore,
And scenes that twine like ivy, round its core;
What! shall a son of ours in shackles lie,

Slave to a reptile that our souls abhor?
Away! while freedom lights a corner with his eye
I will be there, tho' it were but to die!

We wrangle not for Mammon's dignity
Nor windy honors, that in titles lie;
The soil shall be our bullion, boys, and we
Will coin us comforts from it, that shall buy
Heart's ease, and that bright varnish for the eye
They cannot sell us here—Fy on the art
That mounts a mocking smile upon a sigh!
Give me that commerce where the mind's a mart,
Where the glad eye hath dealings with the heart.

O! for a cot whose threshold takes the sun,
When day is deepening into the decline;
Back'd by a wooded mountain, towering dun,
And fronted by a meadow that is mine,
Crown'd with the oak, and whisker'd with the vine.
Then, where an infant river sings, and plays,
Its sweetest to the twilight, I'd recline,
And on my native melody, I'd raise
A song to Heaven of gratitude and praise!

And is this all I wish, or hope to find?
No, to the sunrise often would I look;
Longing to welcome those I left behind;
In sooth, I cannot, like the selfish rook,
Mutter, and munch my morsel in a nook;
But could I raise a gathering song, would bring

All the fond hearts are written in the book
Of my affections.—Heavens, how I'd sing
Till Susquehanna's echoes all should ring!

And I have many a vow, and many a band,
The knot of friendship, love's devoted pledge,
That there shall come the essence of this land,
All that I love it for. Then let the rage
Of party madden, or, let it assuage,
It boots not, my heart's cargo is ashore,
And thou, companion of our pilgrimage,
Come, tho' the breast may heave, the eye run o'er
We must not part as those who meet no more.

FAREWELL TO MY BRITHER JOCK.

THE judgment's best decree, Jock,
  Aft banishes the heart;
Sae, hath it far'd wi' me, Jock,
  For thou an' I maun part.

O, ye are ane o' twa, Jock,
  That I can weel ca' brither,
When the saul's strong outs an' ins, Jock,
  Clink fine with ane anither.

I 've ha'en mony canty days, Jock,
  An' merry nights wi' thee;
Wi' storms o' witty fun, Jock,
  An' spates o' barley bree! *floods*

Tho' noo in parting grief, Jock,
  I wring thee by the hand,
I hope we yet shall meet, Jock,
  Within a better land.

Then, I'll brew a browst for thee, Jock,
  Will kill thy cankers a',
An' I'll redd room for thee, Jock, *clear*
  Or else my mailin's sma'. *farm*

While the billy o' our heart, Jock, *brother*
  That saul o' the right breed,
Shall match wi' me, an' we shall be,
  Three canty carles indeed; *merry lads*

Syne we will twine a bower, Jock,
  O' the forest's living boughs,
An' baptize 't in our joy, Jock,
  The *Pilgrim's Repose.*

THE PIONEER.

SPRING awakens the wilds of the west,
Gruff winter has ceased his roar,
For the green leaf hath burst the bud
Of our white-limb'd sycamore.

And fairest of wood flowers blow,
Where prowls the sly raccoon,
And the sumac hath trim'd its bough
In the glass of the clear lagoon.

There 's a sound in the upper air,
The rush of a thousand wings,
'Tis our brave summer bird he's away
With his songs to the northland springs.

And hark! 'tis the cheer of our bold pioneer,
He 's away in our venturesome van,
He is bluff, he is rough, but he's made of the stuff
That 's widening the world for man.

Free and fearless he treads, thro' prairies and glades,
His face to the set of the sun,
The red man and brute may his passage dispute,
But his charter's his axe and his gun.

Far, far from his home, where wild buffaloes roam,
See his crackling camp-fire shine,
While he halloos aloud to the forest and flood,
"This slice of the world it is mine!"

Let thirty long years, with their comforts and cares
Pass, as thousands have passed before,
Then as evening sets in, let us eye him again
As he sits by his cottage door.

There are deep furrows now, in that cheek and that brow,
Still he's stalwart, stout, and hale,
By his side take a rest—he is proud of a guest
And list to a squatter's tale.

"The first time I plodded this plain,
I was six feet and rising of twenty,
Being raised on the mountains of Maine
Ye may guess that the boy wasn't dainty.

"My neighbours—then wild cat and bear,
Were brutish and sometimes uncivil,
But my sleeping companion old Tear
He fear'd neither bull, bear, or devil.

"On the ground floor old Tear and I fix'd,
We'd the 'might is right' title to take it,
The squirrels and coons had the next,
The turkeys they rented the attic.

"We had room in our lodge, ye'll suppose,
  It was airy tho' none of the cleanest;
The rafters were sturdy old boughs,
  Well shingl'd with leaves of the greenest.

"Our summer arrangements got thro',
  I began for to think of December's;
So some jolly old settlers I slew,
  And penn'd in a patch with their members.

"We'd corn soon, and deer came in flocks,
  I was carpenter, farmer, and hunter;
So when old Johnny Frost shook his locks,
  We'd a cabin to keep out the winter.

"Soon movers came tumbling in,
  And squatted without e'er a 'thank ye;'
Well, Tear and I thought it no sin,
  To be swapping a bear for a Yankee.

"Ye'll guess then the trunk and the limb
  Of our forest Goliahs got shattered;
And daylight look'd bloody and grim,
  As they blaz'd and their ashes we scatter'd.

"While cabin and corn crib arose,
  Like tents of the mighty invader;
And craftsmen came following close,
  With preacher, and doctor, and trader.

"Then clubbing the means and the mind,
Together all pulling and drawing;
A lively young creek we confin'd,
And set it to grinding and sawing.

"Frame fabrics then rose in a twink,
For stores and for matters domestic;
We 'd one temple for talk and for drink,
Another for things ecclesiastic.

"Thus chopping and cropping ahead,
Continually scratching and scheming;
What a gash in the forest we 've made!
While drones are a drowsing and dreaming.

"Our youngsters, too, rise in the ranks,
Ourselves we grow bigger and bigger;
I 've got shares in your railroads and banks,
And a seat in the State Legislature."

THE KEBBOCK, THE CAKE, AN' THE COG.

THERE 's fun in your frolics, an' Thanksgiving Day
Is famous for feeding an' great in its way;
But gie me the lan' whar auld plays are in vogue,
An' the cake an' the kebbock gaes down wi' a cog.

Your Frenchman can kick ye a neat pas de deux,
Your Dutchman can waltz it an' booze himself fu';
But gie me a fling in the kilt an' the brogue
While the cake an' the kebbock gaes down wi' a cog.

Your bridals by bishops look stately an' fine,
But they 're mocks to our weddings o' canty langsyne,
Whan the bride's brimming bowl set the birkies agog,
An' the cake an' the kebbock gaed down wi' a cog.

Then here 's to the lan' o' the butter an' brose,
An' here 's to the lan' o' the kilt an' the hose,
Whar the reel an' strathspey gies the spirit a jog,
An' here's to the KEBBOCK, the CAKE, an' the COG.

A MORNING WAKE UP.

THE morning star is hidden
  In the dawing's ruddy flake,
An' the laverock has bidden
  His merry mates awake.

Then up, the lamb has shaken
  His fleece an' ta'en the knowes;
An' sounds o' gladness waken
  Frae heights an' hazel howes.

Come, see the burnie keeking
  Thro' boughs o' blooming thorn,
See merry May unsteeking
  Her beauties to the morn.

Come, while the leaf is laden
  Wi' gems that brightly glow,
For ah! they 're quickly fadin',
  Like a' that 's fair below.

ROSABELL.

[*Pure* in *spirit*, but *cut* to the *heart* by the *pure* in *blood*, she died of the wound.]

It was not well, sweet Rosabell,
  It was not well for thee,
When the English rose for a heart-mate chose
  A flower of the forest free.

The golden tinge, thy eyelids fringe
  Tell of thy mother's race;
The crimson glow, the noble brow
  The father's in thy face.

Fresh in all woman's loveliness,
  A ban is on thy birth,
Thy dawn's o'ercast, alas thou hast
  No kindred on earth!

I see it in thy shudderings,
  The flush, the blush, the start,
The death-worm's on thee, Rosabell,
  The canker's at thy heart.

Sweet Rosabell, it was not well,
  It was not well for thee;
When the English rose for a heart-mate chose
  A flower of the forest free.

TO A FAIR FOREST BUD ON HER WISHING TO FLOURISH IN TOWN.

THE garden hath its blossoms rare,
   With many a cultur'd gem;
But forests have their flowers as fair,
   And thou art one of them.

Here buds receive the dews of eve,
   Thro' purer, sweeter air,
Than when the breeze thro' tainted trees
   Plays round the gay parterre.

Then keep the shade, my pretty maid,
   Nor tempt the unclouded blaze,
For wither'd bowers, and wilted flowers,
   Are found in July's blaze.

BUCKWHEAT PANCAKES.

WHOE'ER he was had wit, or luck,
To take this victual of the buck,
And put it to the use of man,
O! noblest product of the pan!
Deserves to have his lucky name,
Stuck in the premises of Fame;
There let it blaze, with buck to bound it,
And flourishes of cake around it.

I'd question him who's had a stuff
Of cakes till he's cried "hold, enough,"
Where is the truck, whate'er ye call it,
That slips so sweetly o'er the palate?
Or where's the broil, the boil, the sop,
That sits so lightly on the crop?
Ye Gourmand gods! whoe'er ye are,
Oh, listen to your votary's prayer;
Give me, when from her eastern gate
The morning issues pale and late,
I mean when days are sour and short,
And feeding fun is fittest sport;
Oh, give me then, when I awake,
To snuff the savor of the cake;
To spy ye thro' the greasy fog,

Like pretty toadstools on a log;
Hissing and singing out by fits,
And dimpling into little pits;
Until, Oh, rare! ye take at last,
A chestnut-pale mulatto cast.
Then, then behold ye on the plate,
Piled up in savory smoking state!
Alternating with layers of butter,
Drench'd in molasses, till a gutter
Of sauce surrounds ye!—O ye gods,
Or godlings in your bright abodes,
Or Paynims in your bower of bliss,
Say—
Is aught in paradise like this?

MAY COLZEAN.

THE fause Sir John a wooing came,
  To a maid of beauty rare;
Fair May Colzean was the maiden's name,
  Lord Cassills' only heir.

He 's woo'd her butt, he 's woo'd her ben,
  He woo'd her in the ha',
Till our bonny fair maid at last has said
  She'd mount an' ride awa.

She 's mounted on a milk-white steed,
  Sir John on a dapple grey;
An' wi' wilie word he cheer'd the road,
  Till they came to the raging sea.

Till they came to a girt an' gruesome rock,
  'Twas frightsome for to see;
"Light down, light down, fair May Colzean,
  Your bridal bed to see."

"Cast off, cast off, now May Colzean,
  Your hood an' silken gown;
For they 're owre rare and costly gear,
  To rot in the salt sea foam.

"Cast off, cast off, my May Colzean,
They pearls an' jewelrie;
For they 're owre rare an' costly ware,
To be rusting aneath the sea"

"O, turn about, thou fause Sir John,
Gae turn your back on me;
For a belted knight it is not right
A naked maiden to see."

He 's turned him right an' round about,
Nae dread or fear had he;
Sae swift as the win' fair May Colzean
Has plunged him in the sea.
"Now ly ye there, thou fause Sir John,
Whar ye thought to laid me."

"O help, O help, my May Colzean,
Take pity upon me;
I'll take you home to your father's ha's
Wi' your weight in jewelrie."

"Nae help, nae help, thou fause Sir John,
Nae help expect frae me,
For seven bra brides thou 'st drownèd here,
But the eighth I shall not be."

She 's mounted on her milk-white steed,
Sae lightsome an' sae gay;
And she 's come hame to her father's tower,
Lang ere the break o' day.

Up then spak her pretty parrot,
"Where has May Colzean been?
An' what become of the bold Sir John,
That woo'd ye sae late yestreen?"

"O, hold thy tongue, my pretty parrot,
An' dinna talk sae loud;
Your cup shall be o' the sandal tree,
Your cage o' the beaten goud."

Up then spak the Earl himsel,
In the chamber where he lay;
"What ails May Colzean's bonny bird,
To talk sae lang ere day?"

"There came a cat to my cag door,
A' for to worry me;
An' I cried on my May Colzean,
To kill the cat for me!"

NOTES.

The boat rides south o' Ailsa craig,
  In the doupin' o' the night;
There's thretty men at Lendalfit,
  To mak her burden light.

There's thretty naigs at Hazel-holm,
  Wi' the halter on their head;
Will cugd't this night, ayont yon height,
  Gif wind an' water speed.

Lendalfit is, or rather was, a small smuggler's houff or clachan (that is hamlet), situated midway betwixt the towns of Girvan and Ballantrae, at the mouth of a small mountain stream called the Lendal, and to the south of it stands the bald Bennane head bounding the Bay of Ballantrae. "It is," says Paterson in his history of the county of Ayr, "a bold and rocky precipice, rising two hundred feet above the level of the sea, which it overhangs, and which at that point, during westerly gales, rages and boils in a fearful manner. At its base there is a remarkable cavern. It extends into the rock more than a hundred feet, and is thirty feet high and twenty feet wide. In old times, this cave was strongly defended by a wall of rude masonry, five feet thick, portions of which still remain. "It is," he adds, "impossible to form an opinion as to the purpose for which this rude piece of strength has been intended." If the "Lads o' Lendalfit," and the "Boys o' Ballantrae," were equally ignorant as to the purpose for which this piece of strength was first built, they knew well to what base uses it was put in their day and generation.

The smugglers on that coast and all along the Carrick shore, were a very formidable body of men in those days, that is from the Union until about the end of the last century. "Large vessels, then called Buckers, lugger-rigged, carrying twenty and sometimes thirty guns, were in the habit of landing their cargoes in the Bay of Ballantrae, while a hundred Lintowers, some of them armed with cutlass and pistol, might be seen waiting with their horses ready to receive them, and to convey the goods by unfrequented paths through the country, and even to Glasgow and Edinburgh. Many secret holes, receptacles for contraband goods, still exist, in the formation of which much skill and cunning was shown."

One of these Lintowers, or land smugglers, is well described by Paterson; and a "Laureate of the Hills," referring to the prevalence of smuggling in Ayrshire, says, "a great many Lairdships were then in existence, the proprietors of which almost to a man were associated for the purpose of carrying on a contraband trade. From locality as well as union, they lived beyond the reach or fear of the law. The Laird of Schang was a noted member of that confederacy. He possessed great strength and courage; so much so, that he was popularly awarded the credit of being not only superior to all his mortal enemies, but to have actually overcome the great enemy of mankind himself. Like most people of his kidney, Schang could make money, but never acquired the knack of keeping it. He was sometimes, in consequence, sadly embarrassed. At a particular crisis of his monetary affairs, the Devil, who seems to have been considerable of a Jew in his way, appeared to Schang, and agreed to supply the needful upon the terms usual in such cases.

"Says Cloot, here's plenty if ye 'll gang,
On sic a day,

Wi' me to ony place I please,
Now jag your wrists, the red bluid gi'es,
This is a place where nae ane sees;
Here, sign your name,
Schang says, I'll do't as fast as pease,
An' signed his name.

From henceforth Schang, as our upland poet goes on to relate—

"Had goud in every han'
An' every thing he did deman';
He didna min' how time was gaun,
Time didna sit,
Auld Cloot met Schang ae morn ere dawn,
Says ye maun flit."

The dauntless smuggler, however, peremptorily refused to obey the summons. Drawing a circle round him with his sword, without invoking either saint or scripture, he fearlessly entered into single combat with his pandemonian majesty, and fairly beat him off the field. The engagement is thus circumstantially described by the veracious laureate of the hills.

"The Devil wi' his cloven fit,
Thought Schang out o'er the ring to kick;
But his sharp sword it made the slit
A wee bit langer;
Auld Clootie bit his nether lip
Wi' spite an' anger.

"The De'il around his tail did fling,
Upon its top there was a sting,
But clean out thro't Schang's sword did ring,
It was nae fiddle,
'Twas lying loopit like a string,
Cut thro' the middle.

"Auld Clootie show'd his horrid horns,
And baith their points at Schang he forms,
But Schang their strength or points he scorns;
The victory boded,
He cut them off like twa green corns,
The Devil's snodded.

"Then Cloot he spread his twa black wings,
And frae his mouth the blue fire flings;
For victory he loudly sings,
He 's perfect mad;
Schang's sword frae shou'der baith them brings,
Down wi' a daud.

"Then Clootie gae a horrid hooch!
An' Schang, nae dóubt, was fear'd enough,
But hit him hard across the mouth
Wi' his sharp steel,
He tumbl'd back out owre the cleugh,
Schang nail'd the De'il."

I was not born early enough to see this formidable master of fence in the body, but I have often passed the cairn where, after all his victories both over men and devil, he "brack's neck bane."

When, with some other boys from Girvan side, I attended the parochial school of Ballantrae, there was still a considerable remnant of those bold smugglers alive, altho' most of them were on the veteran list; and it is not to be wondered at that their wild yarns more stirred our blood, than the quiet sober ploughman and shepherd tales we had listened to at home. Sorry indeed were we to learn that the cursed "King's Cutters" and the "Lubberly Land Sharks" had destroyed the noble occupation of the braw Free Traders, taming them down into sober fishermen, or giving them berths in his Majesty's men o' war.

The most interesting to us boys, of those mariners, was auld Rob Forgie. Rob had, in the gude auld times, kept an ale-house by the Bennane Craig, where he had long officiated in the double capacity of landlord and sentinel for the "Boys o' Ballantrae" or the "Lads o' Lendalfit," hoisting a sheet by daylight, or blazing a whin bush by night, if any of the sharks were about.

One gallant crew of seven brethren, the big Coultars, seemed to have been his especial pets, and much he told us of their wild and reckless exploits. One of them occurred in his own howff.

They had, he said, made a fine clean run, had got all the goods snugly stowed away, and dreading no danger, were taking a refreshing booze, and, of course, "getting fu an' unco happy." Rob too, who ought to have been on the watch, had, in the joy of his heart, joined the social corps, when lo! as the night was near its deepest and the seven brethren were near their highest, the house was suddenly surrounded by a press-gang of thirteen men, and the Boys summoned to surrender.

This was a stunner; and what made the matter still worse, they had lent the Lintowers all their defensive weapons. "Surrender," however, was no word for a living Coultar to obey. A brief council of war was held, and Rob was sent to inform the captain of the gang, that if he wanted the Boys, he must come in and carry them out, as, "puir lads, they war owre far gaen to stagger ayont the hallan." Meantime Hughie, the tallest, stoutest, and coolest of the crew, had ordered his brethren and Rob to squat down on the floor and trip and choke the men as they staggered in, while he, seizing the big cake griddle for a shield, and a brandy bottle for a weapon, stationed himself near the entrance. The door by the captain's order was soon forced, and the first two that entered abreast were floored or rather crushed to the ground by blows from the bottom of the bottle, which, worked by the ponderous arm of Hughie, fell upon them like a sledge-hammer. On, on they came, staggering and reeling in the dark over their fallen companions, not one of them, however, escaping a flooring and a taste from Hughie's bottle. All but the captain had now entered, and had been properly secured by the brethren; and he, seeing how matters went, stood hesitating at a little distance from the door, when Hughie, who could throw a missile with the precision of a pistol-shot, hurled the bottle at his head and brought him down like a bullock.

"Sic a sight as this," cried old Rob, "was never seen afore or since at the Bennane Craigs. Thirteen big men o' war tied up on my change house floor, like sheep going to be smeared. O Hughie Hughie, ye're a braw boy!"

As there were no lives lost, altho' considerable blood had been spilt, the affair ended much pleasanter than could have been expected. The wounded were washed and salved, while the stupified and stunned were revived and refreshed with brandy. Indeed, according to Rob's account, most of them, and particularly the captain of the gang, suffered as much from the internal application of the bottle as from the external.

In the morning, our brave Captain Hugh and his brethren without ransom shipped their prisoners for the King's Cutter, which was lying in the offing, expecting no doubt a goodly haul from Rob's howff; Hugh at the same time sending a note to their Captain, thanking him kindly for the very respectable and gallant delegation he had honored him with; that he had given the gang a night's lodging and entertainment; treated them to a *bottle* apiece; and concluded by trusting they might ever continue to be a credit to him and an honor to their country.

The Bennane Craig is likewise famed as being the precipice where, in the ballad of "May Colzean," the "Fause Sir John" disposed of his bonny brides. It is on the north corner of the Crag, where the spot is pointed out that the ladies had to undress before leaping. Burns, in attempting to locate the ancient ballads and songs of Scotland, seems to think that Ayrshire can only lay claim to "Johnny Fa," but surely May Colzean localizes itself sufficiently. The Carrick version is also different from any I have met with in any other part of Scotland, and as I have never seen it in print, I have given it in the text from memory.

There is another old song, "The Tod in the Fauld," which Ayrshire I think may justly claim, as the Garlock glen which "the bonny fair May" advises the "merry young men" to ride up, lies in the parish of Ballantrae. It formerly belonged to the Lords of Bargany. I learnt it from a fair milk-maid, on the banks of the Girvan, and as I never saw or heard it anywhere else, I transcribe it here from the aforesaid record.

THE TOD IN THE FAULD.

Sweet sings the blackbird frae the buss,
The lintwhite frae the knowes;
But ne'er let young thing after dark,
Sing loud, loud wi' her yowes.

There was a troop o' merry young men,
A riding the road along;
An' ane o' them has ridden aside,
An' awa to the bughts he 's gane.

"O, this is a misty night, fair maid,
An' I hae ridden astray;
Wou'd ye be sae kin' to a merry young man,
As to set him again on his way."

"Ye may ride up the Garlock glen,
Your steed's both stout an' strong;
But out o' the yowe bught I mauna gang,
For fear that ye do me wrang."

He 's ta'en her by the waist sae sma',
An' by the grass green sleeve;
He 's lifted her outowre the bught yett,
An' ne'er speered the bonny lassy's leave.

"Rise up, rise up, young man," she says,
"Rise up an' get ye gone;
Do ye no see your milk-white steed
Eats a' the poor man's corn ?

"Get up, get up, young man," she says,
"Get up, for we maun part;
I 've gane hame in weary sickness aft,
But ne'er wi' a heavy heart."

"I ha'e a ring on this finger,
It 's a' goud but the stane;
An' I'll gie it to the poor man,
To let my steed eat on."

"There lies a love neath this breast bane,
As warm as weel may be;
An' I 'll gi'e it to my fair May,
To dry her drapping e'e."

It 's slowly, slowly, gaed she hame,
An' dowie was her sang;
But a' that e'er her father said,
Was, "daughter, ye 've tarried lang."

O, it's a dark an' a misty night,
Ye may gang out an' see;
The lambs an' the yowes, they skipt owre the knowes,
An' wou'd na bught in for me.

There came a Tod into the fauld,
The like ye never saw;
An' ere he 'd ta'en the lamb he took,
I 'd rather he 'd ta'en them a'.

About three quarters after this,
As she drave out her father's kye;
Up came a merry young gentleman,
An' he 's blinkit the bonny lassie by.

"Wha's aught the bairn, ye're wi', fair May?"
The bonny lassie she thought shame;
She 's turn'd a red cheek to the grun',
"I 've a young gudeman at hame."

'Sae loud I hear ye lie, fair May,
Sae loud's I hear ye lie;
Do ye no min' o' the misty night,
I was by the yowe bughts wi' thee!"

He 's lighted frae his milk-white steed,
An' set the fair May on;
"Cheer up, cheer up, my ain true love,
Ye hae won me, wi' mony a moan."

He 's cled her in the silk sae saft,
Wi' a pearl aboon her e'e;
An' he 's made her a Lady o' the lan',
The pride o' the Wast Countrie.

Dear Girvan's fairy haunted stream,
Bargany's bank's sae braw;
The auld ash tree that nurslinlee
Lean'd owre my daddy's ha'.

When in my fourteenth year, I was taken from school on account of my health. This was in 1806, when my father was in the employment of Sir Hew Dalrymple Hamilton, of Bargany. About this time, Sir Hew, with many of the landed proprietors in Girvan valley, had commenced improving their estates, by forest planting and ornamental gardening, and I was put into the nurseries and fields to harden my constitution and check my overgrowth. Amongst my planting companions I found a number of intelligent young men, who had got up, in a large granary, a private theatre, where they occasionally performed, for the amusement of the neighbourhood, the "Gentle Shepherd," "Douglass," &c., and in due time I was, to my great joy, found tall enough, lassie-looking enough, and flippant enough to take the part of the pert "Jenny," and the first relish I got for anything like sentimental song, was from learning and singing the songs in that pastoral. Auld ballads that my mother sung—and she sang many and sang them well—having been all the poetry I cared for. For three years, which was up to the time we removed to Roslin, I remained in this employment, acquiring a tough, sound constitution, and at the same time some knowledge of nursery and floral culture. It was towards the end of this most pleasant period, that I first "burst into song," and I am inclined to think that I broke into it wrong end foremost; sweet songs having sent me a wooing instead of wooing having set me a singing. Indeed my planting companions strove to convince me that my "sweet songs" were as silly as they were simple. I had caught the itch, however, and braving both rhyme and reason, I kept scratching away. As I still remember one of those "love lays," I give it as a specimen. It was addressed to

JESSIE.

Sweet Jessie, when the light is low,
An' gloaming's on the clud;
Could ye be on the bourtree knowe,
Or in the Lintree wud?

Or make an errand up the glen?
Or by the barley mill?—
It 's joy to see ye, Jessie dear,
When I come o'er the hill!

I 've mony things to say, love,
An' mony things to speer:
An' sweet it is to walk and talk,
When simmer nights are clear.

To wander 'mang Bargany's bowers,
An' scent the e'ening air;
For the mair I see ye, Jessie dear,
I lo'e ye aye the mair.

Pleasant indeed is the remembrance of these my planting and play-acting days, and well do I remember the way I fell in love with the sweet Jessie of my song. Being about my own age and size, she used to loan me some of her "braws" to busk me up for my parts, and instruct me how to deport myself in gown and kirtle; then her genty hands would arrange my 'kerchief and fix flowers in my cap, her pretty face bobbing and sweet breath blowing all the time around my bewildered head, till, how could I help it Jessie! I fell "owre the lugs in love wi' thee."

It was during these braw days, and those I spent at Ballantrae, that I laid in my small poetic stock in trade, together with the "rough braid lallans o' the Carrick Carles," who, certainly then, were a people distinct from the other districts of Ayrshire—Kyle and Cunningham. Indeed, we find that, in the days of Burns, when the "auld and new lights" were warring it the wildest, the Carrick clergy kept almost entirely out of the fray—as the only one of their ministers that Burns mentions in his Kirk's Alarm, is the Rev. Stephen Young, of the parish of Barr——

"Barr Stennie, Bar Steenie, what mean ye? what mean ye
If ye'll meddle nae mair wi' the matter;
Ye may hae some pretence to havin's an' sense,
Wi' people wha ken ye nae better."

Their indifference to "Holy Tulzies" may be attributed, however, as much to their ignorance as to their good sense, as I don't recollect having ever listened while there to any theological discussion, either in public or private; nor had we any dissenters amongst us, except a small remnant of Cameronians, who were called "Hill folk," that met annually, and had a week's "preaching" on a hill side, near the ruined church of old Dailly. This spot, it seems, was held holy by them, as being the subject of one of the famous Alexander Pedan's prophecies.

When the ashen trees in the kirkyard kiss,
Happy are they that that day miss;
For the French will come afore it's wist,

At dawing when the lan's in mist.
An' a boy that wi' three thumbs s'all be born,
Will haud three kings' steeds on that awfu' morn;
An' the burn will rin sic a fearfu' flood,
That the bridle reins will dreep in blood.

During Bonaparte's threat of invasion, the "ashen trees" were carefully watched, and the thumbs of all new born babes carefully counted. But the Lord of the manor having cut down the trees, and no boys appearing with extra thumbs, the holy place became desecrated.

Slow o'er a sky young May had drest,
The glow of day was gathering west;
Where darkly 'gainst the deepening glare,
Rose the rough ruins of Saint Clair.

These "rough ruins" of Roslin Castle have long been in the possession of the St. Clairs, Earls of Caithness and Orkney. During the invasion of 1554, it shared the fate of Craigmiller and several others which the troops of Henry VIII. burnt in their march towards the capital. Since that period it has continued a graceful and "haunted ruin," to which every succeeding year, while it saps its strength, adds more romantic beauty, and renders it a still fitter subject for the painter and every lover of the picturesque.

To the neighbourhood of these "haunted ruins," my father removed in the summer of 1809, and rich indeed is the little valley of the Esk in all those charms that Scotland's lowlands alone can give. Still it would appear from the following lines I hankered after "Girvan's fairy-haunted stream."

Your Castle and your holy-house,
Your wildly wooded vale;
Ye ruined wa's o' Woodhouselee,
Heard Lady Bothwell's wail.

Ye classic groves o' Hawthorndean,
  In a' your simmer pride,
Ye canna yet gar me forget
  My bonny Girvan side.

Your towers an' trees an' flowery leas,
  Are beautiful to see;
Yet, sair miss I one lovely eye,
  These charms to mark wi' me.

When morning daws, or e'ening fa's,
  Your birds sing loud an' lang;
E'en maids an' men join blithely then,
  But where is Jessie's sang?

Young simmer's suns, an' southart win's,
  Spreads gladness far an' wide;
But my delight's in silent nights,
  An' dreams o' Girvan side.

Strong as these ties apparently were, they did not long stand "change o' face and change o' place," but soon gave way, and in sailor phrase, "came home," as in a sonnet penned some year afterwards the name "Kind Kattie" is substituted for "Sweet Jessie."

Kind Kattie on neist sabbath day,
  Whan granny an' yoursel',
Are duly started for the kirk,
  Awee afore the bell.

Tell granny ye've forgotten clean,
  Your napkin or your book;
Syne hurry back but tak the slap
  Leads to our cosey nook.

We'll then tak down the lovers' loan,
  An' owre the Hewin height;
Ne'er min' your granny, Kattie dear,
  What can she do but flyte?

For sweet's our stolen meetings, Kate,
An' wanderings by oursels;
Ae hour wi' you's worth mair, I trew,
Than years wi' ony else.

Next year, some of my father's city friends got me a situation in the Registration House, Edinburgh. This introduced me to a new world and entirely new men, as Thomas Pringle, the poet and traveller, Robert Jameson, the translator of the Danish ballads, and Campbell, the author of Albyn's Anthology, belonged to the same department. I must, I think, have felt then as a wild Galloway colt may be supposed to feel, on being turned into a parkful of blooded steeds. It was, however, but little I gained from the society of these gentlemen save in the "auld ballad" line. Neither when transferred to Kinniel Castle, as amanuensis to Professor Stewart, did I improve much either in mind or manners, although the professor and his lady afforded me every opportunity to cultivate both. Dr. Stewart, indeed, unlike Michael Cassio, was "*bless'd* in a fair wife," a talented one too and a helpmate to boot, for often of a morning have I found whole chapters of "sweet philosophy," in her hand-writing, which had been jointly concocted during the night. In her maiden days, when Miss Cranston, she wrote one song, at least, which must live along with Burns's, as he added a verse to it to fit it for Thompson's collection. Their daughter Maria also gave early indications of talent, as a witty piece she wrote on Lord Palmerston, then a pupil of her father's, sufficiently showed. His Lordship, it seems, among his other peculiarities, would not make his capital letters like any one else. Maria seized upon this, and imitating his hand, put him and his eccentricities through the entire alphabet. I have long lost my copy of the verses, and can only recollect the four concluding lines.

His X. L. N. C. may be easily trac'd
In his quaint execution and fantastic taste,
An' lastly I'll stake my whole credit upon it,
By the cut of his B. there's a bee in his bonnet.

Hark! 'tis the cheer of our bold pioneer,
He's away on our ventursome van;
He is rough, he is bluff, but he's made of the stuff
That's a-widening the world for man.

On settling, some thirty years ago, in the then far west, I found in the Mississippi and Ohio keelboat and broadhorn-men, a small "taste" of my early friends the Ballantrae smugglers, but I soon discovered a striking difference in their characters: the half-horse, half-alligator "bushwhackers," with their stabbing, gouging and nose-eating habits, were real ruffians; my bould smugglers were only rough men. The free fights and rough and tumble frays of the wild watermen of the west, may have afforded fine subjects for sporting magazines, but they had nothing in them to interest the "rustic bard." The bold pioneer, however, is a "bird of another breed." Hailing, generally, from the land of steady habits, he carries into the wilderness a frame tough as his shell-bark hickory, and fraught with a purpose firm as the granite rocks amongst which he grew. Eyeing the "tall weeds" that cumber his selected "slice," he quietly whets his axe, makes a burnt offering of the "first crop" to the God of harvests, and soon has a crop and a cabin of his own. "Movers come tumbling in;" comforts accumulate, and in a few years, to his forest co-mates, he sings

A HUNTER'S MORNING SONG.

O'er yonder highland head,
That bounds our eastern sky;
There spreads a streak of red,
To tell that day is nigh.

The deer hath sought her den,
The hawk hath left his perch;
And the partridge from the glen,
Sits budding on the birch.

In the willow-shaded lake,
The duck hath dipt her wings;
And hark! from yonder brake,
The bird of morning sings.

While dew is on the spray,
We'll range the woody steep;
And meet the glare of day,
Where the forest shade is deep.

And when twilight, drawing near,
Drops her shadow in the vale;
The social hearth we'll cheer
With a hunter's merry tale.

Then arouse, the glow of morn
To heaven's high peak has gone;
Up, with rifle flask and horn,
And swing your suggon on.

An intercourse with such "good men and true," for the best part of the last half century, has, I trust, Americanized me and mine sufficiently "for all useful purposes." Still, I must repeat, although

There's brawer countries on the map,
An' richer too in kine an' crap;
Yet while this heart contains the sap
O' life, by jing!
Auld Scotland maun stan' the tap
O' a' the bing.

www.ingramcontent.com/pod-product-compliance
Lightning Source LLC
LaVergne TN
LVHW011208110826
845150LV00006B/1360

* 9 7 8 1 4 2 5 5 1 8 1 4 1 *